幕末群像の墓を巡る

合田一道

青弓社

幕末群像の墓を巡る　目次

第2章　文久、テロの季節　45

第3章　禁門の変前後　78

第4章　大政奉還の陰で　107

第6章　戦火、北へ　164

第7章　士族の反乱

第8章　維新の残り火　242

装画——下山光雄
装丁——犬塚勝一

はじめに――この本を手にした方へ

この本は、幕末から維新にかけて活躍した歴史上の人物の墓をまとめたものです。でもただ墓を紹介するのではなく、その人物の生き方に重点を置いて書きました。表題を『幕末群像の墓を巡る』としたのは、全国各地に現存する墓をぜひ巡っていただきたいという思いによるものです。

ところで幕末維新と一口に言いますが、歴史のどの部分を指すのでしょうか。諸説がありますが、著者は黒船の来航によって長い鎖国政策が破られた一八五三年（嘉永六年）から、士族の最後の抵抗闘争となった七七年（明治十年）の西南戦争までの二十四年間が最も妥当と判断しています。

つまり、いまからわずか百六十年前から二十余年間にわたり、わが国は未曾有の動乱期の最中にあったということです。

この時期、勤皇の志士らは幕府転覆を謀ってうごめき、それを幕府が厳しく弾圧する「安政の大獄」が起こり、そのあげく、白昼、登城中の大老井伊直弼が水戸浪士らに襲われ惨殺される事件が起こります。その一方で朝廷が雄藩に担がれて歴史の表舞台に登場し、戊辰戦争が起こると薩摩と長州を「官軍」、将軍徳川慶喜や京都守護職で会津藩主の松平容保らを「賊軍」として、すさまじい戦闘を展開します。

この戦いは京都から江戸へ、そして越後、奥羽、蝦夷地へと飛び火し、おびただしい数の戦死者を出し、翌年の箱館五稜郭の開城により終焉を迎えるのです。

だが天皇による政治に変わっても廟堂は紛糾し、西郷隆盛ら参議が辞職します。国内の乱れは収まらず、士族の反乱が続出し、佐賀の乱、秋月の乱、萩の乱、そして西郷蜂起による西南戦争へと連なっていきます。

本書は、そうした動乱の時代を、第1章「黒船来航から安政の大獄へ」から第8章「維新の残り火」までに分けて構成しました。

登場人物の顔は、すべて下山光雄が資料をもとに描きました。墓はできるかぎり参詣し、撮影しました。やむなく依頼した写真はその旨を写真説明に記載しました。命日、戒名（法名）、墓のある場所および墓への道のりなども書き入れました。

仏式による戒名がほとんどですが、神道、キリスト教などは特別な場合を除いて、その旨を記すにとどめました。特別な場合とは、神社の祭神になった人などを指します。

本書を読まれてどこか一カ所でもいいから墓前を訪ねてみてください。その時代を駆け抜けていったその人が、何かを語りかけてくる、そんな思いになるでしょう。

さぁ、墓碑巡礼の始まりです。

第1章　黒船来航から安政の大獄へ

高野長英　顔を焼いて変え、そのあげく

高野《たかの》長英《ちょうえい》（蘭学者）

戒名　拡充軒俊翁長英庵主

善光寺　東京都港区北青山三　地下鉄銀座線表参道駅下車、徒歩九分

高野長英の墓（善光寺　東京都港区北青山）

高野長英の墓（大安寺　岩手県奥州市水沢）

大安寺　岩手県奥州市水沢東町二　ＪＲ東北線水沢駅下車、徒歩七分
命日　一八五〇年（嘉永三年）十月三十日、四十七歳

蘭学者で蘭医の高野長英の墓は、東京都港区北青山の善光寺の墓所にある。墓石の上部中央に長英の顔が描かれ、細かい文字で業績が記されている。近代的な感じの墓で、近年、建て替えられたことが一目でわかる。

墓はもう一つ分骨されて、故郷の岩手県奥州市水沢東町の菩提寺、大安寺境内の墓所に立っている。こちらはずっしりした自然石で、対照的な印象だ。表面の文字は風化が進んでいるが、かろうじて「高野長英之墓」と読める。静まり返った墓所を、長英の無念さを偲ばせるように、風が音を立てて吹き過ぎた。

長英は伊達藩領水沢の領主伊達将監の家臣の家に生まれ、叔父高野家の養子になった。江戸で学んだ後、長崎へ行き、シーボルトに蘭学、医学を学び、ドクトルの称号を受けた。シーボルト事件のときは熊本に逃れた。蘭学者渡辺崋山らと西洋の研究を続け、『戊戌夢物語』（一八三八年）を書いて幕政を批判した。

一八三九年（天保十年）夏、蛮社の獄で捕らえられ、永牢の刑（無期禁固）に処せられた。長英は江戸小伝馬町の牢獄で『わすれがたみ』（一八三九年）や『蛮社遭厄小記』（一八四一年）を著して冤罪を訴え、『万国地理学書』全百巻の翻訳にも取り組んだ。そのかたわら寄場人足と呼ばれた作業員がけがをしたりすると、その治療にもあたった。

一八四四年（弘化元年）六月、人を使って牢獄で火災を起こさせ、切り放しを利用して逃走し、放火脱獄犯として指名手配された。だが郷土の水沢から広島、宇和島、鹿児島と転々と逃げ回った。宇和島では藩主の庇護を受けて、半ば公然と藩士らに蘭学を教え、兵書『三兵タクチーキ』（一八四七年）の翻訳までした。

追われる身の長英は、硝石精という薬で顔を焼いて面差しを変え、一八四九年（嘉永二年）八月、江戸に戻り、青山百人町の隠れ家で医師沢三伯と名乗って、妻子とともに密かに暮らしていた。一八五〇年（嘉永三年）十月三十日、たまたま外出した長英は、以前に同じ牢獄にいた上州無宿の元一という男に出会った。その夜遅く、戸板に乗せられたけが人が四、五人の者に付き添われて運ばれてきた。日頃神経質なほど警戒する長英は、一瞬、気をゆるめ、「すぐに治療して遣わそう」と言って戸板に近づき、傷口を診ようとしたとき、それまで患者になりすましていた捕り方の役人が起き上がり、やにわに長英に組み付いた。このときになって長英は、同じ牢獄にいたあの男に通報されたと知ったが、もう遅かった。

高野長英

不意をつかれながらも、必死に捕り方の手を振りほどき、床の間へ逃げ込もうとした。廊下に箪笥を置いて通路をふさいだその先に、いざというときのために抜け穴を掘っておいたのである。だが別の捕り方がすでに部屋に入り込み、待ち構えていた。挟み撃ちになった長英は捕り方と揉み合ううちに十手で激しく打たれ、倒れたところに縄を打たれた。

長英は駕籠に乗せられ南町奉行所へ護送されたが、途中、突然、呻き声を発した。驚いた捕り方が手当てしようとしたができず、奉行所に着いたときはすでに絶命していた。

長英の死因について、捕り方が十手で打ったためとの疑いがもたれたが、南町奉行所は、捕らえられそうになった長英が隠し持っていた自分の脇差しで喉を突き、その傷が深く、捕縛され奉行所へ運ばれて間もなく死んだと発表。結局は自殺で片づけられた。維新の夜明けを目前にした壮絶な死だった。

かつて青山百人町だった東京都港区南青山五―六の青山スパイラルに「高野長英最期の地」の碑が立っている。奥州市水沢の墓からほど近い中上野町の高野長英記念館には、長英の遺品や著作などが展示されている。

藤田東湖　大地震に見舞われて圧死

藤田東湖《ふじたとうこ》（水戸藩士・儒学者〔神道〕）
常磐共同墓地　茨城県水戸市松本町　JR常磐線水戸駅前からバス、末広町三丁目下車、徒歩五分
命日　一八五五年（安政二年）十月二日、五十歳

藤田東湖の墓（常磐共同墓地　茨城県水戸市）

一八五五年（安政二年）十月二日夜十時ごろ、江戸一帯で大地震が起こった。建物が激しく揺れて潰れ、大勢の人が下敷きになった。火災が随所で発生し、人々は火炎に追われて逃げまどい、生き地獄そのままになった。安政の大地震である。今流に言うなら、マグニチュード六・九の直下型大地震だ。

小石川の水戸藩邸の官舎にいた儒学者の藤田東湖は、来客を送って自室に戻ったとき、突然、突き上げるような揺れに襲われた。「地震だっ」と直感した東湖は、別室にいる老母の梅子を助けよ

うと駆け込み、座り込んだままの母を引きずるようにして庭へ転がり出た。

ところが母は「火鉢の火を消さなかった」と言って再び部屋に駆け込んだ。東湖が後を追って部屋に戻ったとき、再度揺れ、鴨居が落ちてきた。東湖はそれを肩で受け止め、座り込んだまま両手をついてうずくまる母親をかばい、機をみて片手で母を庭へ放り投げた。母は難を免れた。そこへまた揺れがきて天井

藤田東湖

が崩れ落ち、東湖はその下敷きになり圧死した。
この大地震で丸ノ内の大名屋敷をはじめ上野、浅草の寺社、町家、それに本所、深川などの町々はほとんど全滅。圧死または焼死した者は四千七百人に及び、家屋は約一万戸が倒壊、焼失した。余震は二十九日まで続き、多い日は八十回も揺れた。江戸の人口はざっと百二十万人、民家三十五、六万戸だったことからも、いかにすさまじい災害だったかがわかる。
東湖は水戸藩士で本名虎之助、彪。父幽谷の水戸学を受け継ぎ実践した。藩主継嗣問題では徳川斉昭の擁立に動いて実現させた。郡奉行になり、斉昭に人心一新と武備充実を具申。側用人として土地改良掛、弘道館造営掛などを務め、藩政改革に尽くした。
一八四四年（弘化元年）、藩主斉昭に従って出府したが、斉昭は急進的な尊攘思想のせいで幕府に睨まれ、そのあげくに失脚、後任の藩主に世子慶篤が就いた。東湖も謹慎になった。東湖と名乗るのはこのころからである。

東湖は幽閉の身で『回天詩史』（一八四八年）を著した。諸外国による危機が迫っているいまこそ、忠臣愛国の道義的精神を発揮して国家のために命を賭けるべきという内容で、これが広く全国に喧伝された。

斉昭が再び幕政に携わると、東湖は江戸藩邸に召し出され、海岸防禦御用掛などを務めた。黒船の来航によって国内は緊張したが、東湖の著書は、尊攘志士たちに愛読され、橋本左内や横井小楠、佐久間象山などに大きな影響を与え、近世日本思想史の中枢をなすものとされた。藩主慶篤は手書を贈り、東湖は名を誠之進と改めた。一八五四年（安政元年）正月、側用人となり、学校奉行を兼ねた。

だが大地震が東湖の命を奪う。それを知らされた橋本左内は「後世藤田東湖二人なし」と言って号泣したという。

東湖が亡くなった水戸藩邸の官舎跡は、東京都文京区後楽一の水道橋交差点に近い白山通りの路上に当たる。「藤田東湖先生護母致死之處」と記された碑、そのそばに、由来を書いた案内板が立っていたが、道路拡幅のため、小石川後楽園内に移された。

東湖の墓は水戸市松本町の常磐共同墓地にある。墓というより記念碑の趣きで、四角い碑面に前藩主斉昭の篆額「表誠之碑」の文字が横書きされ、その下に東湖に関する由来が縦書きでぎっしり刻まれている。右隣に父幽谷の墓、左隣に夫人の墓がある。この墓地には幕末の争乱による死者の墓が並んでいる。

水戸市の常磐神社境内には東湖を祭神とする東湖神社がある。

大原幽学　世界初の農業協同組合を作る

大原幽学《おおはらゆうがく》（農村指導者）

戒名　理性院幽玄道学居士

大原幽学の墓（大原幽学史跡公園　千葉県旭市長部）

大原幽学の墓（名古屋市平和公園）

大原幽学史跡公園内の自決の地。千葉県旭市長部　ＪＲ総武本線旭駅前からバス、中和で下車、徒歩二十分
命日　一八五八年（安政五年）三月七日、六十二歳

一八五八年（安政五年）三月七日、百日押し込め処分が解けて赦免になり、下総国香取郡長部村（千葉県旭市長部）の名主の遠藤良左衛門宅に戻っていた農村指導者の大原幽学は、高弟に髪を結わせ、口髭を剃らせてから風呂に入った後、門人の農民たちと昆布飯の夕食を食べ、心ゆくまで語り合った。

門人たちが帰り、夜が更けるのを待って、幽学は白絹の下着に黒絹の衣服を着用、小倉の無地の袴をはいて、墓地がある御塚丘へ登った。名主遠藤家の墓前に座ると、腰の大小をそばに置き、衣服の前を広げ、短刀を腹に突き立てて力いっぱい横に引き裂いた。血がみるみるあふれ、幽学はそばの松の木にもたれたまま絶命した。

大原幽学

翌朝早く、通りがかりの人が幽学の変わり果てた姿を発見し、大騒ぎになった。検視の役人が来るまで手をつけるなと言われ、遺体はそのまま放置された。検視がおこなわれたのは七日もたった三月十五日だった。

遺体は親戚筋になる長部村幸八郎に引き取られ、死んだ

松の木のそばに改めて葬られた。門人に宛てた長文の遺書が残されていた。そこには自分の不忠を詫び、過ち多い教えを反省し、このため自殺すると書かれていた。

幽学の出自は明らかではなく、自らは尾張藩浪人と称した。十一歳のとき、京都に出て、田島主膳のもとで儒学や和歌を学び、その後、高野山で仏教を修めた。長く京坂地方を遊歴し、長部村の先代名主遠藤伊兵衛に招かれ、教導所・改心楼を設けて農民たちに自説の「性学」(性理学ともいう)を説いた。「性学」とは、神、儒、仏を融合させ、天地を性と位置づけ、君臣、親子、夫婦、兄弟姉妹、朋友の情を育むことによって、将来はすばらしいものになる、という考え方だった。この教えは疲弊していた農村に光明を与え、人々の努力によって農村は見事なまでに立ち直った。

幽学は、農業の永続を目的に先祖株組合を結成した。農地を出資してそこから上がる利益を積み立て、困ったときに備えるもので、世界で初めての農業協同組合といわれる。

だが一八五一年(嘉永四年)、関東取締出役手先がこの教学に不審を抱いて改心楼に乱入し、幽学は評定所で取り調べを受けた。評定は長い歳月をかけ、六年後の五七年(安政四年)十月、幽学に対して百日押し込め処分を言い渡した。ただし高松彦七郎を幽学の実兄と認定し、同宅に謹慎するという措置を取った。同時に改心楼は取り潰し、先祖株組合は解散とした。長部村はじめ周辺の名主らも「農民不相応の筋」として処罰された。

幽学は、小石川の高松宅で謹慎の日々を送ったが、この間、伊兵衛の跡を継いで名主になった息子の良左衛門らが付き添い、身の回りの世話をした。翌一八五八年(安政五年)二月五日、処分が解けると、良左衛門とともに江戸を発ち、十五日に長部村に戻った。だが情熱を傾けた農村は瓦解していた。絶望した幽学は士道にのっとり、自決したのだった。

幽学の墓は、千葉県旭市長部の大原幽学史跡公園内の高台の〝自殺の地〟に立っている。初めは榊が墓標として植えられたが、一九二二年（大正十一年）に墓が建立された。黒みを帯びた大きな自然石に細かく経過が刻まれていて、死をかけて貫いた幽学の精神をいまに伝えている。命日には墓前祭が催される。

近くの幽学記念館には幽学ゆかりの遺品が多数陳列されている。切腹に用いた短刀には自ら彫った「難舍者義也」の文字が見える。捨て難きは義なり、の意味である。

名古屋市平和公園内にも墓があり、正面に「大原幽学先生墓」と刻まれている。中区の万松寺にあったのを移したもので、戦時中の空襲で焼かれて割れたが、修復した。

墓の話　男墓と女墓

幽学の墓に詣でて、初めてこの地域に「男墓」と「女墓」があるのを知った。「性学の墓」と呼ばれるもので、男性は男墓に、女性は女墓に葬られている。幽学の教えがその跡を継いだ二代教主遠藤良左衛門、三代石毛源五郎らによって継承されたのである。「国立歴史民俗博物館研究報告」百二十五号（国立歴史民俗博物館編、国立歴史民俗博物館、二〇〇六年）によると、幽学が亡くなった旭市長部をはじめ、宿内の共同墓地や小日向の共同墓地など、この周辺だけで五カ所に性学の墓が見られる。墓地は土塁で囲まれている。

墓は一人一基で、高さ一尺九寸（約五十八センチ）の墓石が三段の台座の上に載せられている。

長部は、土塁で囲まれた墓地の右手が男埋葬地、左手が女埋葬地になっている。また宿内は入り口に六道があり、右手が男埋葬地、左手が女埋葬地になっていて、普通の墓に交じって性学の墓が五基座している。

最近は墓石に夫婦連名のものがあり、少しずつ様式に変化がおとずれていると思われるが、きわめて珍しい風習といえるだろう。

島津斉彬　幕政改革に乗り出す矢先に

島津斉彬《しまづなりあきら》（薩摩藩主）
戒名　順聖院殿英徳良雄大居士
旧福昌寺境内　鹿児島県鹿児島市池之上町　島津家歴代の旧菩提寺。JR鹿児島本線鹿児島中央駅前から市バスで竪馬場下車、徒歩二十分
命日　一八五八年（安政五年）七月十七

島津斉彬の墓（旧福昌寺境内　鹿児島県鹿児島市）

日、五十歳

一八五八年（安政五年）七月八日四ツ時（午前十時）、薩摩藩主島津斉彬は馬に乗り、城下天保山の調練場でおこなわれた銃隊の訓練を閲兵し、大砲の実弾射撃を点検した。終わって夕方、天保山麓から船に乗り、沖合で魚釣りをした。

翌九日夜、斉彬は急に悪寒と高熱、腹痛、下痢などの症状に見舞われた。藩医の坪井芳洲が診察にあたり、赤痢ではないかと考えたが、迷ったあげく、一転して「虎列剌《コレラ》」と診断した。病状は少しもよくならず、日に日に悪化していき、一日に三、四十回の下痢が続いた。

十六日明け八ツ時（午前二時）過ぎ、斉彬は、次の間に控えていた小納戸役の山田壮右衛門を呼び、死期が近いことを告げてから、「わが子哲丸は幼少だから、弟久光か嫡男又次郎のいずれかをわが娘暐姫の婿養子とし継嗣とする。哲丸は又次郎の順養子とするように」と遺言した。間もなく弟の久光が駆けつけ、斉彬は同様のことを述べ、涙ながらに水盃を交わした。

島津斉彬

斉彬が息を引き取ったのは明け六ツ（午前六時）のことである。

斉彬の遺言は、壮右衛門から直ちに首席家老島津久徴、家老新納久仰、側役竪山武兵衛の三人に伝えられ、遺命によって秘密書類が入っている長持ち二つは庭先で焼かれた。

幕府の改革を掲げていた実力者の斉彬が突然亡くなったため、内外に大きな衝撃が起こった。しかも臨終の場面に謎めいたものがあったとして、毒殺説まで出た。

ちなみに後継藩主候補の一人、哲丸は翌年死亡し、斉彬の弟久光の嫡男又次郎がその座に就くことになる。のちの忠義である。

江戸生まれで江戸育ちの斉彬が薩摩藩主になったのは四十三歳で、在位はわずか七年。薩摩で過ごしたのは四年半と短い。だがこの間、政局は大きな難題を抱え、斉彬はほとばしる才気と情熱を幕府改革にぶつけた。

難題はアメリカ総領事タウンゼント・ハリスの強硬な要求による日米修好通商条約の締結。もう一つは将軍徳川家定の後継者の決定だった。斉彬は、越前藩主松平春嶽（慶永）らとともに公武合体運動による幕政改革を唱え、水戸藩主徳川斉昭の子、一橋慶喜を後継に擁立した。

ところが斉彬と仲がよかった老中阿部正弘が死去し、反対派の彦根藩主井伊直弼が大老になり、日米修好通商条約を朝廷の許可を待たず調印した。将軍継嗣も紀州藩主徳川慶福（家茂）に決めてしまった。

江戸にいた西郷吉之助（隆盛）は、今後の指示を仰ぐため薩摩に戻り、江戸、京都の事情や井伊大老の専権ぶりを伝えた。斉彬は「朝廷を擁して幕府を改革する以外にない。自ら禁裏守護の名目で大兵を率いて上洛するので、その手はずを整えよ」と述べ、藩士を集めて訓練に励んだ。その矢先の、あまりにも突然の死だった。

斉彬の死は薩摩藩を大きく揺らすが、その遺志は「順聖院様（斉彬の諡）御深意」として久光・忠義父子や斉彬の薫陶を受けた西郷や大久保利通らに受け継がれ、明治維新の原動力になっていく。

斉彬の墓は、島津家歴代の菩提寺だった鹿児島市池之上町の旧福昌寺境内に、夫人の墓と並んで立っている。明治の廃仏毀釈で廃寺になり、訪れる人も少ないが、墓は山川石で造られた中世の宝篋印塔と呼ばれるもので、維新へ駆けようとして挫折した斉彬の面影をそこはかとなく伝える。

梅田雲浜　脚気にかかり牢獄で死ぬ

梅《うめ》田《だ》雲浜《うんぴん》（元小浜藩士・儒者）

戒名　勝倫斎俊巌義哲居士

梅田雲浜の墓（海禅寺　東京都台東区）

梅田雲浜の墓（松源寺　福井県小浜市）

海禅寺　東京都台東区松が谷三　地下鉄銀座線稲荷町駅下車、徒歩二十分

松源寺　福井県小浜市北塩屋　JR小浜線小浜駅前からバス、西津公民館前下車、徒歩三分

安祥院　京都市東山区五条東大路東入ル　JR東海道本線京都駅前から市バス、五条坂下下車、徒歩四分

命日　一八五九年（安政六年）九月十四日、四十五歳

梅田雲浜の墓（安祥院　京都市東山区）

〝安政の大獄〟で真っ先に逮捕されて江戸へ送られ、小倉藩主小笠原忠嘉邸に「吟味中御預」の身だった元小浜藩士の梅田雲浜が、脚気を患い亡くなったのは一八五九年（安政六年）九月十四日朝。あっけない最期だった。

小笠原家は、雲浜が幕府の預かり人だけに、座敷牢に入れてその警護を厳重にしながらも扱いは丁重で、病状などを細かく幕府へ届け出ていた。

それによると雲浜は八月十四日、評定所で二回目の取り調べを受けた直後から病に冒された。最初はただの風邪かと思われたが、二十三日から足腰にむくみが出て、医師から脚気と診断された。太陽に当たることもない暮らしが健康をむしばんだのだ。

九月に入りやや回復したかに見えたが、中旬になって容体が急に悪化し、十二日、危篤に陥り、意識が戻らないまま翌々日、眠るように逝った。

雲浜は若狭小浜藩士で儒者。本名源次郎。京都に出て湘南塾を開き、経世済民を目的にした講学に励んだ。しばしば藩政について建言するので藩主に嫌われ、士籍を剝奪されて浪人となったが、尊皇攘夷論の論客として頭角を現し、志士らが大勢集まってきた。

一八五四年（安政元年）九月、雲浜は大坂湾に侵入したロシア軍艦を追い払おうと企て、「僕之如き天下之事情に通じ、至る処として天下之人心を動かす者、世に幾人ぞや」と強烈な自己主張をした。

同志と組んで反幕運動に乗り出し、京都所司代になった小浜藩主酒井忠義に対して、井伊大老の手先になって働くのは朝敵の汚名を被る恐れがある、として辞職を勧告した。このため幕府側から梁川星巌、頼三樹三郎、池内大学と並ぶ「悪謀四天王」と睨まれた。

梅田雲浜

安政の大弾圧が始まり、一八五八年（安政五年）九月七日夜、雲浜は京都・烏丸御池の自宅で伏見奉行所の幕吏に捕まった。雲浜は縄を打たれるとき、「此の義に付いては神州之為、国家之為尽力致し候事にて、何も天地へ対し恥辱之義これ無く候」と述べ、そのまま駕籠に乗せられ、連行された。

雲浜は京都の六角牢獄に収容され、押し込め一年間の処分を受けた。向かいの牢に入った青蓮院宮（久邇宮朝彦親王）の家臣で雲浜の門人の山田勘解由によると、雲浜は役人の質問にも大義名分を唱えるだけではっきり答えず、相手を手こずらせ、笑っていたという。

だが、江戸に送られてから体調を崩し、六角牢獄から小笠原邸に移されわずか一年後に死を迎えることになる。自らの行動に確信をもっていただけに、未決のままの死は、さぞかし悔いが残ったことだろう。

雲浜の墓は三カ所に立っている。説明がやや煩雑になるが、まず東京都台東区松が谷の海禅寺の墓所に、妻信子の墓と並んでいる。同じ墓所にもう一つ、雲浜と同じ月に同じ座敷牢で亡くなった藤井尚弼と連名で刻まれた墓がある。一九二三年（大正十二年）の関東大震災で同寺が焼け、墓の頭部が破損したが、東京都史跡なので修理もできず、三三年（昭和八年）になってやっと改葬した。だが四五年（昭和二十年）春の太平洋戦争の東京空襲で再び寺は焼け、墓もまた破損した。五九年（昭和三十四年）、再建されたとき、改葬されたのがこの墓である。

二つ目は雲浜の故郷である福井県小浜市北塩屋の松源寺の墓所にある。分骨した墓で、自然石に「梅田雲浜先生之墓」と刻まれている。

三つ目は京都市東山区五条東大路東入ルの安祥院の墓所にあり、遺髪を納めたもの。「雲浜先生之墓」と大きな文字で印象的に刻まれている。

橋本左内　藩主への追及を恐れながら

橋本左内《はしもとさない》（越前藩士）
戒名　景鄂院紫陵日輝居士
小塚原回向院　東京都荒川区南千住五
地下鉄日比谷線・ＪＲ常磐線南千住駅下車、徒歩二分
円通寺　東京都荒川区南千住六
命日　一八五九年（安政六年）十月七日、二十六歳

橋本左内の墓（小塚原回向院　東京都荒川区）

越前藩主の侍読兼内用掛の橋本左内は、藩主松平春嶽（慶永）の命で将軍継嗣問題に関わり、一橋慶喜の擁立を図ろうとして朝勅を画策した。だが一八五八年（安政五年）六月、大老井伊直弼らによって後継者が紀州藩主徳川慶福（家茂）に決まった。〝安政の大獄〟の嵐が吹きだしていた。

一八五九年（安政六年）十月二日、左内は、慶永が一橋派の中心勢力だったことから突然、幕吏に捕縛されて江戸辰ノ口評定所に連行された。取り調べに対して左内は、朝勅を得ようとしたのは

藩主の命によるものだと、自分の行動を筋道立てて主張した。だが主張は容れられなかった。

七日朝五ッ時（午前十時）、左内は縄を打たれ、駕籠に乗せられて江戸小伝馬町の牢獄から辰ノ口評定所へ送られた。死を覚悟した左内は途中、常磐橋の越前藩邸前に差しかかると、駕籠のなかから藩邸に向かい平伏した。

橋本左内

評定所に着くと町奉行から処刑申し渡し状が読み上げられた。

「公儀を憚《はばか》らざるいたし方、不届きに付、死罪申し付ける」

左内はその場で役人に裃を脱がされ、両手を縛られて駕籠に押し込められ、小伝馬町の牢獄に戻された後、すぐに処刑の場に引き出された。

左内が獄舎の潜り戸を出ようとすると、牢名主が近寄ってきて手を握り、「若い秀才を失うのは惜しい。代わって死ねるなら死んでもいいのに」と述べた。

処刑場に座らされた左内に、下役が半紙で目隠ししようとした。それを制した左内は突然、号泣した。これまでの取り調べのなかで「一橋慶喜を将軍にする勅許を手にしようと運動したのは、藩主春嶽の命によるもの」と答えたが、これによって罪が春嶽に及ぶのを恐れ、獄内から口上書を改めようとして果たせず、死んでいかなければならないことへの悔恨の涙だった。

左内は涙を拭うと威儀を正し、越前藩邸の方角に向かって一礼してから「よしっ、斬れっ！」と叫んだ。刀が振り下ろされて左内の首が音を立てて転がった。

この日、左内のほか頼三樹三郎、飯泉喜内も首を討たれた。捕まってわずか五日目。一方的な断罪だった。奉行が「遠島」としたのを、自ら筆を執り「死罪」と書き直したのは井伊直弼本人だったといわれる。〝安政の大獄〟で処刑された者は八人にのぼる。

左内は越前藩奥外科医の嫡男に生まれ、幼少からずば抜けた頭脳をもち、一八四八年（嘉永元年）、十五歳で『啓発録』という書物を著した。翌年、大坂へ行き、蘭学者緒方洪庵から蘭学や蘭方医学を学んだ。父亡き後、家督を継ぎ、五四年（安政元年）に江戸へ行き、西洋学一般の知識を深めた。ここで水戸藩の藤田東湖らを知り、尊皇攘夷へと傾斜していった。

藩校明道館の学監心得になり、政教一致・実学精神を唱えて学風を改革し、洋書習学所を設けて西洋学も奨励した。藩主の側近として藩主の主張する将軍後継者の実現に動き回り、かたわら封建的統一国家構想のもと外国貿易の促進を説き、ロシアとの攻守同盟の必要性を論じた。だが将軍継嗣策の実行に失敗し、井伊直弼の失脚を狙ったがこれも失敗した。

左内の墓は東京都荒川区南千住の小塚原回向院にある。ここは処刑場跡なので処刑された人たちの墓が多いが、左内の墓だけはお堂のなかに納められている。すぐ隣に吉田松陰の墓がある。命日になると参詣者が訪れ、香火が絶えないという。

左内の墓はもう一つ、すぐ近くの荒川区南千住六の円通寺にもある。

吉田松陰　吹きすさぶ大獄の嵐に

吉田《よしだ》松陰《しょういん》（思想家・教育者）

吉田松陰の墓（松陰神社内の墓所　東京都世田谷区）

吉田松陰の墓（小塚原回向院　東京都荒川区）

戒名　松陰二十一回猛士　松陰神社祭神

松陰神社の墓　東京都世田谷区若林四　東急世田谷線松陰神社前下車、徒歩八分

小塚原回向院　「松陰二十一回猛士」と刻まれた墓。東京都荒川区南千住五　地下鉄日比谷線・JR常磐線南千住駅下車、徒歩二分

松陰神社　山口県萩市椿東松本　JR山陰本線東萩駅下車、循環バスで東光寺前下車、すぐ。

椿東椎原の団子岩墓所に遺髪墓　ＪＲ山陰本線東萩駅下車、循環バスで松陰誕生地前下車、徒歩二分
命日　一八五九年（安政六年）十月二十七日、三十歳

吉田松陰の遺髪墓（山口県萩市椿東椎原）

一八五九年（安政六年）十月二十五日、江戸小伝馬町牢獄に留置されていた長州（萩）藩士で教育者の吉田松陰は、死が迫ったのを察知し、遺書となる長文の『留魂録』（一八五九年）を書きだした。書き上がったのは翌日夕。丸二日かかったことになる。冒頭に辞世を書いた。

身はたとひ武蔵の野辺に朽ぬとも　留置《とどめおか》まし大和魂

十月二十七日朝五ッ時（午前八時）、松陰は呼び出されて牢獄の潜り戸を出るなり、役人がすかさず縄を打った。駕籠に押し込められて辰ノ口の評定所に着くと、奉行が「間部閣老要撃を企てたる儀、公儀を憚《はばか》らず不敬のいたり。以て死罪を申しつける」と申し渡し状を読み上げた。松陰が反論すると、奉行が叱咤し、激しい言い争いになった。

吉田松陰

駕籠で小伝馬町の牢獄まで戻された松陰に、直ちに処刑が伝えられた。松陰は「吾れ今国の為に死す、死して君親に負かず、悠々天地の事、鑑照す明神あり」と吟誦した。処刑の座についた松陰の姿を、立ち会った長州藩の小幡高政は「鬚髪逢卯、眼光揖々として別人の如く一種の凄みあり」と書いている。

松陰は下役二人に腕を取られて立ち上がり、二つ折りの半紙で目を覆われた。少し歩いたところで縄を解かれ、肩を押されて筵の上に膝をついた。着物の襟元が乱れて頭部が前へ出たとき、首斬り役の山田浅右衛門が刃を振り下ろし、松陰の首は落ちた。

遺体は、小塚原の回向院に近い藁小屋に置かれていたが、処刑から二日後、弟子の桂小五郎（木戸孝允）らが引き取った。四斗樽の蓋を開けたところ、首は裸の胴体に抱かれていた。桂らは落涙し、二十日前に処刑された橋本左内の隣に葬った。

松陰は幼くして山鹿流兵学師範吉田家の養子になり、十一歳で藩主毛利敬親に『武教全書』（一六五七年）を講じた。江戸で佐久間象山に学んだ後、藩の許可なく奥羽を歩き、亡命の罪で士籍を奪われた。だが許され、十年間の諸国遊歴を認められた。一八五四年（安政元年）、弟子の金子重之助と外国密航を企てて失敗、長州萩の野山獄に収容された。のちに実家に幽閉され、松下村塾を開いて維新回天を説いた。死生を度外視した松陰の教えは若者たちの心をとらえ、高杉晋作や久坂玄瑞らを育て上げ、維新の炎となっていく。

一八五八年（安政五年）、松陰は幕府が勅許を得ずに日米修好通商条約に調印したことを批判し、老中間部詮勝の要撃を計画した。藩は松陰の過激な言動を怒り、再び野山獄に投獄した。翌五九年（安政六年）、幕府は長州藩に命じて松陰を江戸へ送らせた。松陰は自ら幕吏を説き伏せようと、幕府の政策を批判し、間部要撃計画まで自供したため、死へ追いやられた。

松陰を祭神とする松陰神社は、東京都世田谷区若林と山口県萩市椿東松本にある。萩市の神社境内には松下村塾の建物や松陰遺墨展示場、松陰歴史館などがある。

墓は五カ所ある。東京の松陰神社の石垣に囲まれた墓所には七基の墓が並んでいて、その中央にある「吉田寅次郎藤原矩方之墓」がその一つだ。寅次郎は通称、矩方は諱、松陰は雅号。そばの墓は〝安政の大獄〟などで逝った人々である。

二つ目は東京の小塚原回向院にあり、橋本左内の墓と並んでいる。正面に「松陰二十一回猛士」と刻まれている。吉田の文字を分解して「二十一回」と読み、死ぬまで全力をあげて二十一回の行動を起こす決意を表している。三つ目は故郷の萩市椿東椎原の団子岩に立つ遺髪墓で、東京の墓と同様「松陰二十一回猛士墓」とある。四つ目は福岡市博多区の明光寺の座禅堂裏に、五つ目は防府市三田尻本町の防府桑山南麓にある。

団子岩の墓所に立つと、そこから生家跡も望まれ、松陰の心情がいまも燃えているように思われた。

井伊直弼　江戸城桜田門外で襲わる

井伊《いい》直弼《なおすけ》（幕府大老・彦根藩主）

井伊直弼の墓（豪徳寺　東京都世田谷区）

瘞首塚碑（豪徳寺　東京都世田谷区）

井伊直弼の供養塔（天寧寺　滋賀県彦根市）

戒名　宗観院殿柳暁覚翁大居士
豪徳寺　東京都世田谷区　東急世田谷線宮の坂駅下車、徒歩五分
命日　一八六〇年（安政七年）三月三日、四十六歳

幕府大老井伊直弼の墓は、東京都世田谷区の井伊家の菩提寺、豪徳寺の広大な境内にある。墓所の入り口を左手に折れると広い参道が延びていて、両側にこの地を治めた井伊家代々の藩主、夫人

の墓が並んでいる。そのいちばん奥に座するのが直弼の墓である。

墓は唐破風笠付き位牌型と呼ばれる豪華なもので、高さ三メートル四十三センチ。表面の文字は磨耗しているが、かろうじて「宗観院殿柳暁覚翁大居士」と読める。背後に卒塔婆が二十数枚立て掛けられていた。「平成二十三年三月二十八日」と記されていて、末裔一族が毎年、供養の墓参を継続していることがうかがえた。墓所のはずれに「瘞首塚碑」が、また墓所の右側には直弼を守って死んでいった供廻の河西忠左衛門ら「桜田殉難八士之碑」が、静寂のなかに眠っていた。

彦根の天寧寺境内には「供養塔」が立っている。流血が染みた直弼の遺品は四斗樽に詰めて運ばれ、ここに埋められた。供養塔は宝塔と呼ばれる立派な墓塔である。

井伊直弼

一八六〇年（安政七年）三月三日は朝から雪が降りしきっていた。幕府大老、井伊直弼は登城のため朝五ツ半（午前九時）、徒士、足軽、草履取りなど供廻六十余人を従え、駕籠で外桜田門の屋敷を出立した。右手前方の外堀沿いに江戸城の桜田門が見える。

行列が杵築藩邸の門前を通り過ぎようとしたとき、浪士が訴状を手に駕籠に近づき、見咎めて制止しようとした供頭らに刀を抜いて斬りかかった。水戸脱藩士十七人と薩摩脱藩士一人による襲撃だった。

供頭らは慌てて応戦しようとしたが、雨合羽を着込み、刀には防湿用の柄袋をかぶせていたので、それらがじゃまで刀を抜くことができず、鞘のまま応戦して斬られた。供先が乱れたのを見て、潜んでいた浪士三人が供方騎馬徒の槍を奪い取ろうと近づいた。供廻の徒士たちがいっせいに駕籠を離れた。

そのとき、一発の銃声が響き、それを合図に道の両側にいた浪士たちが抜刀し駕籠をめがけて殺到した。徒士たちが慌てて駕籠へ戻ったが、応戦しようとして次々に斬られて倒れた。供目付河西忠左衛門は雨合羽を脱ぎ捨てただ一人、駕籠の脇に立ち、両刀を振るって戦ったが、浪士らに四方から突かれて憤死した。

雪が舞う道筋に駕籠がぽつんと置かれ、そこに浪士たちが突っ込んだ。浪士らは続けざまに太刀を突き刺し、薩摩脱藩士の有村次左衛門が駕籠から這い出そうとする直弼の髪をつかんで引きずり出し、たたき斬った。

有村は大老の生首を刀の切っ先に突き刺して掲げ、わめきながら駆け出した。井伊方の供廻らが「御首級を奪われるな」と追いかけた。負傷して倒れていた供目付側小姓小笠原秀之丞が意識を取り戻し、有村を背後から斬り付けた。深手を負った有村は辰ノ口の辻番所脇まで来て動けなくなり、割腹して死んだ。〝桜田門外の変〟である。

直弼の首は近くの若年寄、遠藤胤統邸に引き取られたが、井伊家の中老が訪れて貰い受け、藩医の岡島玄達が首と胴を縫い合わせた。井伊家はその死を伏せ、直弼の名で遭難届けを幕府に出したが、三月晦日に直弼が大老職を免じられると、はじめて喪を発表した。

直弼は彦根藩主で大老職に就いた。一八五八年（安政五年）六月、勅許を得ずに日米修好通商条約に調印し、これを問題視して押しかけた水戸藩主徳川慶篤らを処罰した。孝明天皇の上京命令にも応じず、〝安政の大獄〟で反対派を一掃したうえ、将軍継嗣問題では朝廷が推す一橋慶喜を退けて紀州藩主徳川慶福（家茂）を十四代将軍に据えた。この専断ぶりに尊皇の志士らから批判の声が高まり、白昼、水戸脱藩士らに襲われたのだった。

元号の安政が万延元年に変わるのは事件の十五日後のことである。

墓の話　直弼の首

不思議な話が伝わっている。討ち取られた直弼の首は、井伊家には渡らず、水戸脱藩士広木松之助によって水戸に運ばれたというのだ。この首は広木の姉の手で水戸藩主の御前に供えられた後、密かに広木家に安置された。のちに水戸の妙雲寺に埋葬された。

広木は水戸を離れて僧となり、加賀から鎌倉に赴くが、同志が相次いで処刑されたのを聞き、三回忌の一八六二年（文久二年）三月三日、自刃して果てた。

「大老井伊掃部直弼台壹塔」と刻まれた供養塔（妙雲寺　茨城県水戸市）

明治維新後、広木家と親交があった内務省勤めの三木啓次郎が妙雲寺住職と相談して、井伊家に首を返したいと申し入れたが、井伊家側はそのままにしておくようにと言って応じず、同寺境内に改めて碑を建てた。事件から百年余も経過した一九六八年（昭和四十三年）三月三日、「大老井伊掃部直弼台壹塔」と刻まれた供養塔が建立された。

これが事実とすると、藩医による首と胴体の縫合という話は作り事になってしまい、井伊家墓所の「瘞首塚碑」も、おかしなことになってしまう。首が二つあったわけでもあるまいし。情報操作に躍起になったあげくに生まれた謎は、膨らむばかりである。

第2章　文久、テロの季節

安藤信正　和宮の降嫁政策で怨まれ

安藤信正《あんどうのぶまさ》（幕府老中、陸奥磐城平藩主）
戒名　謙徳院秀誉松厳鶴翁大居士
良善寺　福島県いわき市平古鍛冶町　JR常磐線いわき駅下車、徒歩二十分
襲撃された日　一八六二年（文久二年）一月十五日（未遂）
命日　一八七一年（明治四年）十月八日、五十三歳

安藤信正の墓（良善寺　福島県いわき市）

一八六二年（文久二年）一月十五日は総登城の日で、朝からよく晴れていたが、冷え込みが厳し

安藤信正

かった。幕府老中安藤信正の行列は五ツ時（午前八時）、西ノ丸下の屋敷を出立した。幕府は桜田門外の変以来、要人の警護を厳重にし、この日も四十五人が駕籠の周りに配置されていた。

行列が桔梗門外から坂下門に差しかかったとき、雑踏のなかから頭巾をかぶった一人の浪人が訴状を持って走り寄った。警護の武士がそれを受け取ろうとした瞬間、男は短銃を取り出し、駕籠めがけて発射した。

弾丸ははずれたが、これを合図に隠れていた浪人五人が刀を抜いて飛び出し、駕籠に迫った。一人が駕籠の背後からやにわに刀を突き刺した。刃は背板布団を貫いて信正の背中を刺した。信正は傷つきながらも抜刀して足袋のまま駕籠を抜け出し、坂下門内へ駆け込んで危うく助かった。この間に警護の徒士たちが浪人六人を取り囲み、ずたずたに斬り殺した。〝坂下門外の変〟である。

この事件は、襲撃したのが水戸、宇都宮脱藩士合わせて三人と、そのほかは越後十日町の医師の子、陸奥の医師の子、それに農民であり、出自が俗に言う〝草莽の臣〟（在野の民間人）だったことが注目された。

もう一人参加予定だった水戸脱藩士は、遅刻して間に合わず、これを悔やんで長州藩邸に桂小五郎（木戸孝允）を訪ね、遺書を託して割腹した。

信正は陸奥磐城平藩主で、井伊直弼の推挙によって若年寄から老中へと昇進し、直弼亡き後は幕閣の中心となり、孝明天皇の妹和宮を将軍家茂に降嫁させる公武合体策を推し進めた。和宮にも家茂にも婚約者がいて、それを解消してまでの強引なやり方に、天皇は勅に「夷人徘徊の土地（江戸）へ縁組候ては、実にもって恐れ入り候」としたためて、強く反対した。公卿たちもこぞって反対した。

信正は何としても公武合体を実現させなければならないとして御所に五千両、公卿たちには一万五千両の大金を贈り、ついに籠絡することに成功した。だがこれが天皇の廃止を企てるものとの流言を呼び、水戸脱藩士たちに襲われることになった。

信正は軽傷ですんだが、この年四月、老中職を罷免された。のちに老中在職中の不正を責められ、平藩は五万石から三万石に減封、永蟄居を命じられ、隠居した。だがその後を継いだ信民はわずか五歳で早世し、信濃岩村田藩主内藤正誠の弟信勇が藩主の座に就いた。

一八六八年（慶応四年）の戊辰戦争のとき、藩主信勇は病で信濃国に移っていて、隠居の信正が藩主に代わって奥羽越列藩同盟に加わった。だが、新政府軍の攻撃を受けて平城は落城し、再び永蟄居になった。

平藩は新政府によって陸中磐井郡三万四千石に転封を命じられたが、信勇が嘆願してことなきを得た。信正が失意のうちに亡くなったのは一八七一年（明治四年）十月八日。浪士らの襲撃を受けてから九年が経過していた。

信正の墓は、いわき市平古鍛治町の良善寺境内に立っている。家紋入りの近世の墓で、平藩主として君臨した人物にふさわしく、重厚さが人目を引く。

その半面、五万石の身で幕府老中になり、幕政を担ったことから維新の動乱に巻き込まれ、戊辰戦争では奥羽越列藩同盟に加わり、新政府軍と戦わなければならなかった苦渋の道程も偲ばれた。

なお東京都杉並区永福町には墓碑がある。

吉田東洋　土佐勤王党に襲われた改革派

吉《よし》田《だ》東《とう》洋《よう》（土佐藩執政）
高知県高知市潮江山（通称筆山）墓地　高知県
交通バス妙国寺前下車、徒歩五分
命日　一八六二年（文久二年）四月八日、四十七歳

吉田東洋の墓（通称筆山墓地　高知県高知市潮江山）

高知市の南はりまや橋バス停からバスに乗り、鏡川に架かる潮江橋を渡る。梅の辻から左折して直進すると妙国寺前。ここで下車し、潮江山の山腹に延びる道を登る。地元では潮江山というより、筆山のほうがとおりがいい。

細い山道の先が一面墓地になっていて、「吉田東洋正秋之墓」と刻まれた墓が座していた。東洋は雅号、正秋は諱、元吉は通称である。樹林が覆い茂り、ひんやりと肌寒く、土佐藩を巻き込んだ幕末動乱の名残がいまも漂っているように思えて、身がすくんだ。

一八六二年（文久二年）四月八日亥の刻（午後十時）、土佐藩執政の吉田東洋は、若い藩主山内豊範に進講した後、酒を賜り、ほろ酔い気分で高知城二ノ丸を退出した。雨が降っていたので駕籠を勧められたが聞き入れず、傘をさして夜道を歩きだした。甥の後藤象二郎をはじめ由比猪内、福岡藤次らが連れ立っていた。

東洋は頼山陽『日本外史』（一八二九年）『信長記』のなかの「本能寺凶変」の一節を、ろうろうと吟じだした。その声が湿った暗い夜気に低く響いた。途中、同行者たちの家が近づくと、一人去り、二人去りして後藤も離れ、東洋に従うのは供の若党と草履取りだけになった。

吉田東洋

帯屋町の自邸近くに差しかかったとき、三人の男がばらばらと現れた。土佐勤王党の那須信吾、安岡嘉助、大石団蔵だった。那須が「吉田元吉殿、お覚悟っ」と叫んで刀を振り下ろした。傘が横に飛び、東洋の額が割れた。だが東洋はひるまずげたを脱いで裸足になり、刀を抜いた。新影流を修めただけあって、那須はたちまち斬りたてられた。若党と草履取りを追い払った安岡と大石が戻ってきて、東洋の背後からいきなり斬り下ろした。東洋が「無念っ」と叫んで倒れたところを那須が襲いかかり、めった突きにして首をかき斬った。別説に助太刀にきた同志宮田頼吉が背後から斬ったともいわれる。

那須らは、東洋の首を木綿の褌に包んで高知城下の町はずれまで運び、待ち受けていた同志の河野万寿弥に渡して逃走した。

首は翌朝、高知城下の雁切川河原に晒され、「斬奸趣意書」が貼られていた。執政が殺害されたというので、城下は騒然となった。

高知市帯屋町一丁目に「吉田東洋暗殺の地」の碑が立っている。城を出て自邸まであと百メートル足らず。わずかな隙を狙った手際よい暗殺だったことがわかる。首を晒した雁切川は、町のはずれに現存する。

東洋は一八五三年（嘉永六年）、土佐藩の参政に起用され、敏腕にものを言わせて藩政改革に乗り出した。だが他人の意見など顧みない独善的な一面があり、「癇癪東洋」とあだ名されるほどだった。

のちに江戸へ出て、旗本といさかいを起こし免職になり、少林塾を設けて藩内の子弟たちを教育。三年後に復職して執政となり、再び藩政改革に取り組んだ。文学、武技の芸家世襲制を廃し、諸士の格式や身分制を改め、若手の後藤象二郎や乾（板垣）退助などを登用し、かたわら『海南政典』（土佐藩の法律集）の編纂も手がけた。

だが門閥譜代の藩士らから批判の声が出て、ことに土佐勤王党の武市瑞山（半平太）は、これでは藩論を勤皇にまとめられないとして、那須信吾らに暗殺を命じたのだった。

意外にも東洋の死に同情する者が少なく、逆にそれをあざわらう落首まで現れた。吉田家の家名は断絶した。これによって瑞山が率いる土佐勤王党が勢いづくが、のちに瑞山は東洋殺しの咎で捕まり、切腹させられる。刺客三人はいずれも捕まらず、那須と安岡は一八六三年（文久三年）の天誅組の乱に加わり戦死。大石は明治まで生き延びた。

有馬新七ほか八人　主命で起こった「寺田屋騒動」

有馬新七《ありましんしち》（薩摩藩士）

薩摩藩九烈士の墓（大黒寺　京都市伏見区）

有馬新七の墓（大黒寺　京都市伏見区）

戒名　養法院観阿有言居士

大黒寺　京都市伏見区鷹匠町　京阪電鉄・近鉄京都線丹波橋駅下車、徒歩五分

「寺田屋騒動」は、倒幕のさきがけを目指す薩摩藩の尊攘派志士たちを、同じ薩摩藩士の集団が藩主島津忠義の父久光の命で襲撃したいわば骨肉相はむ事件である。

一八六二年（文久二年）四月二十三日夕、京都伏見・寺田屋の二階に同藩尊攘派志士の有馬新七はじめ三十人あまりが集結していた。有馬たちは明日、関白九条尚忠らを襲って幕府転覆のクーデターを決行すべく、淀川を上って寺田屋に着き、準備を整えていたのだった。

そこへ有馬らと親しい薩摩藩の奈良原喜八郎、道島五郎兵衛ら四人がやってきて、久光の意向として「京都襲撃の中止命令」を伝えた。だが有馬らは「青蓮院宮（中川宮朝彦親王）からのお召しである。決行あるのみ」と言って応じようとしない。

青蓮院宮は伏見宮邦家親王の子に生まれ、仁孝天皇の養子となり、のちに青蓮院門跡を相続した。日米修好通商条約の勅許に反対して幕府に睨まれ隠居、永蟄居になったが、孝明天皇の信頼は厚く、この年四月、許されて同門跡に復帰したばかりだった。

双方が激しく言い争い、カッとなった道島五郎兵衛が一声高く、「上意！」と叫んでそばにいた田中謙助の眉間を抜き打ちざまに斬った。そこへ到着が遅れていた五人がやってきて、座っていた柴山愛次郎を後ろから斬った。柴山は即死。

有馬と道島は階段に通じる狭い場所でもみ合いになり、刀を折られた有馬は道島を壁に押さえ付け、同志の橋口吉之丞に「おいごと刺せっ」と叫んだ。吉之丞は言われたとおり、二人を串刺しにした。二人は絶命。激しい斬り合いが続き、死者が続出した。
もうこれ以上犠牲者を出したくないと決意した奈良原は、大小を投げ出し、合掌しながら「頼むっ、やめてくれ！」と叫び、両手をついて説得した。これによってさしもの惨劇もやっと収まった。尊攘派の死者は七人にのぼり、重傷の二人は藩命によって翌日、切腹した。

なぜこんな事件が起こったのか。この年三月、薩摩藩主の父久光は藩兵千余人を率いて鹿児島を出発した。これを倒幕の動きとみた尊攘派の有馬たちは、長州藩尊攘派と謀り、クーデターを計画した。諸藩の攘夷派も続々と京坂に集まってきた。

ところが久光は、期待とは裏腹に権大納言近衛忠房を訪ねて、公武合体と幕政改革について意見を述べ、勅諚を要請した。そのうえ幕政改革にからむ朝廷の意見が尊攘派浪士たちに漏れないよう注意が肝要、などと進言した。

幕政改革の勅諚は下りなかったものの、尊攘派浪士の鎮圧は認められ、久光に鎮圧の命が下った。そうとは知らない有馬たちは尊攘派と連絡を取り、伏見寺田に乗り込んだ。

有馬新七

久光のもとに不穏な情報が伝えられた。久光は「直ちに首謀者を寺田屋から呼び寄せろ。承服せぬときは臨機の処置を取れ」と命じた。臨機の処置とは、討ってもかまわない、という意味である。この命が上意討ちという悲劇につながっていったのである。

騒動の現場となった京都市伏見区の船宿寺田屋の階段下の柱に

は、有馬と道島が串刺しにされたときについた刀傷が残っている。

　寺田屋前に立つ「薩藩九烈士碑」は、有馬新七をはじめ斬死した七人と、重傷を負って藩命で切腹した二人の計九人の霊を祭るものである。

　寺田屋にほど近い伏見区鷹匠町の大黒寺は通称薩摩寺と呼ばれ、墓所には「伏見寺田屋殉難九烈士之墓　西郷隆盛先生建立書亦直筆也」の標石の横に、有馬ら九人の墓が並んでいる。西郷がその死を悼んで建立したものである。有馬の墓は正面に「薩摩　有馬新七正義墓」と記されている。正義は諱《いみな》である。

長野義言（主膳）　義言大老と呼ばれた男

長野《ながの》義言《よしとき》（主膳《しゅぜん》）（彦根藩士）
戒名　桃渓舎義幹宏言居士
天寧寺　滋賀県彦根市里根町二百三十二　JR東海道本線彦根駅前からバス、天寧寺口下車、徒歩三分
清涼寺　滋賀県彦根市古沢町千百　彦根駅下車、徒歩十五分
命日　一八六二年（文久二年）八月二十七日、四十八歳

長野義言の墓（天寧寺　滋賀県彦根市）

彦根藩士で国学者の長野義言（主膳）は幕府大老井伊直弼の懐刀といわれ、〝安政の大獄〟を建言したとされる。伊勢国の出身というが、その出自は謎が多い。
義言は尾張、三河、美濃を遊歴した後、近江国坂田郡志賀谷村に腰を落ち着け、国学を講じる高尚館を開いた。義言の識見は国学はもとより言語学や歌学にも及び、門人は三百人近くにものぼった。このなかに埋木舎《うもれぎのや》で修行中の直弼も含まれていた。直弼は義言を師と仰いで師弟の契りを結び、

国学の研究に没頭した。

一八四六年（弘化三年）、直弼の長兄で藩主直亮の世子、直元が亡くなったため、直弼は三十二歳で世継ぎになった。五〇年（嘉永三年）、直亮が亡くなると彦根藩主になり、すかさず義言を弘道館学頭として召し抱えた。のちに二百五十石となる。

直弼が幕府大老に就任すると、義言は一八五七年（安政四年）から京都に滞在し、幕府の朝廷工作を担当、公卿方との交

長野義言

渉に辣腕を振るった。このため勤皇の志士から「義言大老」「京都大老」などと忌み嫌われた。

義言は一八六〇年（安政七年（万延元年））三月、直弼が桜田門外の変に斃れてからも、実力者としてその地位を保っていたが、同年七月、幕府に政変が起こり、一橋慶喜が将軍後見役となって幕府改造に乗り出すと失脚し、京都洛西の隠れ家に住む身になった。

一八六二年（文久二年）八月二十四日夜、義言の隠れ家に三、四人の武士が乱入してきた。武士たちは彦根藩重役岡本半介の家臣だと名乗り、有無を言わさず義言を厳重な駕籠に押し込め、そのまま彦根へ連行した。

義言は彦根城下の牢獄に入れられ、八月二十七日、上意として次のような申し渡し書が読み上げられた。

右の者、奸計を以て重役へ取入り、政道を乱し国害を醸し、人心を動揺致させ候挙動は言語道

断、重罪の者に候。依って苗字帯刀取上げ、牢内に於て打捨てに申付け候。

藩政の実権を握った岡本半介らが画策して、直弼の後を継いだ幼い藩主直憲の意志だとして、苗字帯刀を取り上げたうえ、上意討ちが告げられたのである。

義言は、白紙と硯を受け取り、次の辞世を書いた。

飛鳥川きのうの滝はけふの瀬と　かわるならひを我身にそ見る

その夜遅く、義言は牢獄の庭に引き出され、無残に首を討たれた。

幕府から、検視をするのでそのままにしておくようにと厳命され、遺体は牢内に、悪臭を放つほどの長い間、放置された。この間に幕府が崩壊し、誰も遺体に手を出さないまま明治維新を迎えることになる。

死後十年も過ぎた一八七二年（明治五年）になって、義言の歌学の門人と称する人によって、遺体は彦根から少し離れた里根村の天寧寺に運ばれ、埋葬された。

墓はその彦根市里根町の天寧寺境内の墓所にあり、正面に「長野義言之奥津城」と記されている。百回忌の一九六二年（昭和三十七年）の建立である。その脇に直弼と義言が和した次の和歌が刻まれた歌碑がある。墓を建てることができず歌碑の形にしたもので、これが最初の墓となる。

君が此《この》　けふの出まし待得《まちえ》ても　萩の錦もはえまさりける

遺体が放置されたままの牢獄跡には義言地蔵が建立された。

墓はもう一つ、彦根市古沢町の清涼寺にある。国学の門弟らが建てたのだろう。夫妻の墓で、正面に「長野義言先生之墓」と刻まれている。

本間精一郎　冤罪かぶせられ闇討ちに

本間精一郎《ほんませいいちろう》（越後浪人）
戒名　精忠院勇進正高居士
照明寺　新潟県三島郡寺泊町片町　JR越後線寺泊駅前からバスで寺泊中学前下車、徒歩五分
命日　一八六二年（文久二年）閏八月二十日、二十九歳

本間精一郎の墓（照明寺　新潟県寺泊町）

一八六二年（文久二年）閏八月二十日夜、雨が降りしきっていた。尊皇攘夷の急先鋒である越後

浪人の本間精一郎は、京都の祇園でしたたか酒を飲み、芸者を連れて先斗町三条下ルの料亭の大文字屋に入った。ここでまた酒を浴びるほど飲み、すっかり酔って亥の刻（午後十時）ごろふらりと料亭を出た。

木屋町通りに通じる角へ差しかかったとき、暗闇の雨を突いて手裏剣が飛来して膝に突き刺さった。ハッとなったとき、数人の男が駆け寄り、そのうちの二人が精一郎の両腕を取ってねじ上げ、腰の大小を奪った。〝人斬り〟と呼ばれた薩摩脱藩の田中新兵衛と土佐脱藩の岡田以蔵である。

精一郎は腕を振りほどいて二人に当て身をくらわせ、先斗町に抜ける狭い小路へ逃げ込んだ。だが小路の向こうに別の男が待ち伏せしていた。引き返そうとすると以蔵が刀を抜いて襲いかかってきた。と、以蔵の刀が家の木戸口に引っかかり、先が折れた。精一郎が逆襲しようとしたとき、新兵衛が抜き打ちざまに肩から斬り下げた。精一郎はたまらず崩れ落ち、そのまま絶命した。

新兵衛がその首をかき斬り、睾丸に釘を打ち込み、胴体をずるずる引きずって、そばを流れる高瀬川へ投げ込んだ。

本間精一郎

精一郎の首は四条河原に晒され、「制札文」には次のような文章が書かれていた。

此の者の罪状今更申す迄も無く、第一に虚喝を以て衆人を惑し、高貴の御殿方へ出入り致し、佞弁を以て薩長土の三藩を種々讒訴致し、有志の間を離す謀と相好み、或は非理の財富を貪り、其の外筆舌に尽し難し。

絵図『幕末天誅絵巻』に、梟首された本間精一郎の生首が描かれている。目を引くのは青竹に吊るされた首の位置。ほかのものと比べて一段と高い。睾丸に打ち込まれた釘といい、この青竹の首といい、精一郎への怨みの深さが伝わってくるようだ。

勤皇の志士と通じていた精一郎が、なぜ同じ志をもつ尊攘派に襲われたのか。

精一郎は越後国寺泊の商家に生まれ、幼くして江戸に出て学問を学び、川路聖謨の中小姓になった。やがて浪士たちと親交を結び、尊皇攘夷論を唱えて倒幕の計画に加わり、〝草莽の志士〟と呼ばれた。剣が立ち、弁舌もさわやかなうえ、その魁偉な風貌と派手な大小が独特の雰囲気を醸し出していた。

だが倒幕の難しさを知り、公卿と結び付くほうが得策として態度を変えたため、薩摩、長州、土佐の志士たちを憤慨させた。折から攘夷督促勅使を江戸へ派遣することになり、中川宮朝彦親王(青蓮院宮)と土佐藩主山内容堂(豊信)が勅使役をめぐって争っていた。中川宮の信任厚い精一郎は当然、中川宮を推した。

精一郎の傲慢さに激怒した志士らは、新兵衛、以蔵ら名うての暗殺者に命じて抹殺したのだった。

精一郎が襲われた場所は、京都市中京区木屋町通りで、高瀬川が流れ、狭い小路がいくつも延びている。下木屋町通りと背中合わせに先斗町、その先、鴨川を越えて祇園の歓楽街に連なっていて、暮れなずむとネオンがきらめき、艶やかな風情に変わる。

精一郎の墓は新潟県三島郡寺泊町片町の照明寺墓所にある。静寂に包まれた墓所を行くと、一隅に近世の代表的な屋根形の立派な墓がひっそりと佇んでいた。戒名の正高は諱である。

京都の高瀬川沿いといい、この墓所といい、幕末の騒然たる空気などもはやどこにもない。

池内大学（陶所）　殺され、両耳をそがれ

池内大学《いけうちだいがく》（陶所《とうしょ》）（儒者）
大福寺　大阪市天王寺区上本町四　近鉄上本町駅下車、徒歩七分
命日　一八六三年（文久三年）一月二十二日、五十歳

池内大学の墓（大福寺　大阪市天王寺区）

一八六三年（文久三年）一月二十二日夜、尊攘派の町儒者、池内大学（陶所）は、大坂入りした土佐藩主山内容堂に招かれて酒肴のもてなしを受け、帰りにはみやげに書画をもらい、喜んで帰途についた。

池内大学

大学を乗せた駕籠が、隠れ家に近い大坂の難波橋に差しかかったとき、四人の刺客が音もなく近づき、駕籠を取り囲んだ。駕籠かきが驚いて逃げるのを待って、一人が刃を駕籠に突き刺した。その瞬間、悲鳴が起こり、大学は何の抵抗もできないまま絶命した。あっという間の出来事だった。

四人は死体を引きずり出して首を斬り落とし、胴体はそのままに首だけ持ってどこへともなく立ち去った。

大学の首は翌朝、耳をそがれた状態で難波橋上に晒され、人だかりができて大変な騒ぎになった。次の「斬奸状」が貼り出された。

戊午《ぼご》の頃、正義の徒に従ひ種々斡旋致し居候処、遂に反覆《はんぷく》致し、姦吏《かんり》に相通じ、諸藩誠忠の士を数多く斃し

戊午とは一八五八年（安政五年）で、〃安政の大獄〃を指している。

両方の耳は何者かによって京都へ運ばれ、翌日、箱に入れられて、公武合体派の公卿三条実愛、

中山忠能の両家へ投げ込まれた。添え状に、「三日間に其職を解かせられずば、此耳の如くにし奉らむ」と書かれていた。二人は震え上がり、すぐに職を辞した。

『幕末天誅絵巻』に両耳が切られた大学の晒し首の絵と、もう一枚、三方に載せられた大学の両耳の絵が生々しく描かれている。

大学は折衷学派に属する儒者で、医業のかたわら青蓮院宮・知恩院宮の侍読となり、公卿の子弟に学問を教えた。尊攘派の大物といわれ、日米修好通商条約の勅許問題や将軍継嗣問題に関わり、公卿の間を立ち回った。開国か攘夷かで国論が沸騰するなか、朝廷と水戸の間に入って連絡に当たり、このため幕府から、梅田雲浜、梁川星巌、頼三樹三郎と並んで「悪謀四天王」と睨まれた。

〝安政の大獄〟が起こり、幕府の追及を恐れた大学は、青蓮院宮から金銭を賜って伊勢に逃れていた。だがこれ以上は逃げきれないと観念して、一八五八年（安政五年）十月、京都町奉行所に自首して出た。江戸に身柄を送られ吟味のすえ、中追放という微罪ですんだが、勤皇の志士たちから裏切り者としてつけ狙われた。

大学は名を退蔵と変えて大坂に隠れ住んだ。しかし山内容堂に招かれて、ふと気を抜いたのが命取りとなった。

犯人はついに挙がらず、のちになって土佐藩浪士の岡田以蔵ということになったが、ほかの三人は不明のままだった。

大学の首が晒された大阪市の難波橋は、旧淀川に架かる全長百八十九・七メートル、幅二十一・八メートルの大橋で、途中の中之島を挟んで土佐堀川と堂島川の二つの川を渡る。江戸時代から天神橋、天満橋と並んで浪花の三大橋といわれた。中央区と北区にまたがる橋の界隈はにぎやかで、暗殺を思わせる雰囲気などどこにもない。

大学の墓は、大阪市天王寺区上本町四の大福寺の墓所にあり、正面に「池内陶所先生墓」と刻まれている。晒された首を祭る首塚といわれる。その右側に夫人の墓が連れ添うように並んでいる。

長井雅楽　介錯断り、腹かっさばく

長井《ながい》雅楽《うた》（長州藩元中老格）
戒名　時庸軒誠義英劒居士
海潮寺　山口県萩市北古萩　ＪＲ山陰本線東萩駅下車、徒歩十五分
命日　一八六三年（文久三年）二月六日、四十五歳

長井雅楽の墓。自然石の先祖代々の墓の右に並ぶ（海潮寺　山口県萩市）

長州（萩）藩士の長井雅楽はわずか四歳で父を亡くし、未成年の相続規定によって禄高を半分に削られ、百五十石で家督を相続した。雅楽は学問を学ぶかたわら、剣術、槍術、弓術、馬術などに

も励んだ。

一八三七年（天保八年）、藩主毛利敬親の小姓役になり、藩校明倫館の内用掛に抜擢され、世子元徳の守役を兼ねた。

一八五八年（安政五年）、直目付役として藩政に関わり、井伊直弼が暗殺された翌年の六一年（文久元年）、幕府の開国政策に対して京都を中心に鎖国論が高まったとき、「公武合体・航海遠略策」と称する独自の開国論を藩主に建言した。幕府が諸外国と結んだ修好通商条約調印という現実を認めて、互いにわだかまりを捨て、幕府が朝命によって航海を開き、武威を海外へ広めようという主張である。

この献策は藩主や家老周布政之助らに認められて、長州の藩論になった。雅楽は上洛して三条実愛に進言し、さらに江戸へ赴いて幕府老中安藤信正にこれを伝えた。朝廷との融和を図ろうとしていた幕府は雅楽の意見に飛び付いた。公武合体がより進んで、朝命が通商条約を認める形になれば、紛糾することもなくなると判断したのである。

長井雅楽

雅楽は朝廷と幕府の間を駆けずり回り、ひたすら調停に務めた。この功労が認められて雅楽は家禄三百石に戻り、中老格に昇進した。
だが幕閣などのなかで、航海遠略策は公武合体を背景にしたまやかしだ、という意見が高まり、長州藩内でも久坂玄瑞、桂小五郎ら尊攘派が勢力を強め、雅楽の行動に対して公然と異を唱えだした。頼みの周布も反対に回り、藩論は一転、攘夷へと変わった。老中安藤信正が襲撃され、辞職したのも追い打ちをかける形になった。

一八六二年（文久二年）四月、雅楽は藩命によって京都から江戸へ召還された。朝廷も「航海遠略策」の建白書のなかに朝廷を誹謗する文言があるとして雅楽を叱責した。雅楽は藩主に待罪書を提出し、謹慎した。

翌一八六三年（文久三年）二月初め、藩主は雅楽の中老格の職を免じ、萩に帰郷させたうえ、切腹を命じた。雅楽は親交があった高杉小太夫（晋作の父）に長文の手紙を書き、辞世をしたためた。

ぬれ衣の　かかるうき身は数ならで　唯おもはるる国の行く末

二月六日、検使役正使の家老国司信濃以下が長井邸にやってきた。雅楽は白い死装束に身を包んで出迎え、国司に「お役目、ご苦労にござる」と述べてから、邸内に設けられた切腹の座につき、謡曲「弓八幡」を謡い上げた。

そして「介錯はご免こうむる」と拒絶し、衣服の腹部をやおら開くと、握り締めた短刀でいきなり腹をかっさばき、どろどろの鮮血にまみれて悶えながらついに息絶えた。雅楽のすさまじい死にざまは、人々をおののかせたという。

この切腹に立ち会った若い国司信濃が、この三年後に〝禁門の変〟の責任を負って、ほかの家老二人とともに、わずか二十三歳で死を迎えることになるのである（本書九八ページ参照）。不思議な巡り合わせと言わなければならないだろう。

雅楽の墓は、山口県萩市北古萩の海潮寺の墓所に、長井家先祖代々の自然石の墓と並んで立っている。墓の正面に「大江姓　長井時廉之墓」と刻まれている。大江は毛利氏の祖である大江広元を指していて、長井家も同族になる。時廉は諱である。

雨の夕暮れ、墓前に詣でた。藩論が攘夷に変わっていくなかで、死を享受しなければならなかった男の心情が偲ばれて、慄然となった。

清河八郎　顔見知りの幕吏に騙され

清河八郎《きよかわはちろう》（浪士組統括）
戒名　浄山正恩信士／清秀院殿忠正明義居士
伝通院　東京都文京区小石川　地下鉄三田線春日駅下車、徒歩八分
歓喜寺　山形県東田川郡立川町清川　JR陸羽西線清川駅下車、徒歩三分
命日　一八六三年（文久三年）四月十三日、三十四歳

清河八郎の墓、左が妻阿連の墓（伝通院　東京都文京区）

一八六二年（文久二年）早春、清河八郎の献策した「攘夷・志士の大赦・英才教育」の三策が、

山岡鉄舟の斡旋で幕府に容れられたので、清河は幕府徴募の浪士組を結成し、浪士を率いて将軍警護を目的に京都へ上った。そして朝廷に近づき攘夷決行の勅諚を得た。

驚いた幕府はすぐに浪士組を江戸へ引き揚げさせ、清河を騙して勅諚を取り上げた。清河は返済を迫り、勅諚に従って一八六三年（文久三年）四月十五日に横浜の外国人居留地焼き打ちの方針を固めた。窮地に追い詰められた幕府は、密かに清河の暗殺を命じた。

攘夷の期日が二日後に迫った四月十三日、江戸の山岡鉄舟宅に潜伏中の清河のもとに、麻布の出羽上山藩邸内の儒者金子与三郎から、「攘夷党に連名したい」と伝えてきた。喜んだ清河は鉄舟の手元にあった連名帳を懐に出かけた。

鉄舟と清河は剣術の千葉道場の同門で、鉄舟は普段から「金子は信用できない人物なので気をつけろ」と清河に忠告していたが、聞き入れようとしなかった。

清河八郎

清河は出がけに隣家の槍術家、旗本高橋泥舟を訪ねたが、登城の支度をしていたので、玄関に出迎えた泥舟の妻を前に、扇子に一首書き残した。まるで自分の運命を予期するかのような内容だった。

魁《さきがけ》てまたさきかけん死出の山　まよいはせまし皇《すめらぎ》の道

金子宅を訪ねた清河は、ともに政局を語り合い、勧められるまま酒盃を重ねた。時間が経過し、いつしか黄昏が近づいていた。

気持ちよく酔いしれた清河は、金子の「駕籠で帰っては」という言葉に対して「川風に吹かれてぶらぶら行きたい」と断り、編笠をかぶって家を出ると、新堀川沿いに歩きだした。

右折して一ノ橋を渡ったとき、二人の武士が現れ、「清河先生ではございませんか」と声をかけた。顔見知りの速見又四郎と佐々木只三郎で、速見は浪士組取締役、佐々木は京都見廻組を務め、ともに剣客といわれていた。

二人はかぶりものを取って丁寧に挨拶した。清河も答礼しようと編笠を脱ごうとしたとき、いきなり背後から頭を斬られた。後をつけてきた佐々木の同輩の窪田千太郎らの仕業だった。清河は刀の柄に手をかけたまま、「無念っ」と言ってその場に倒れた。そこへ速見と佐々木が素早く近づいて一太刀ずつ浴びせ、そのまま立ち去った。騒ぎで群衆が集まってきたが、清河はすでに絶命していた。

清河の同志の石坂周造は、連名帳が幕府に渡ったら同志が捕らえられると思い、二、三十人の者を引き連れて現場へ駆けつけた。とっさに警備の幕吏に近づくと「あの者はわが父の仇。屍といえどもせめて恨みの一太刀を」と叫び、刀を抜きはなった。気勢に押されて幕吏が警備を解いたので、死体に近づいて首を斬り落とし、羽織に包んで同志に渡し、懐の連名帳を抜き取り持ち帰った。首は同志の手で密かに鉄舟のもとに運ばれた。

清河が襲われた一ノ橋はいまも形を変えて存在するが、あたりは変貌して往時の面影は望むべくもない。

墓は二つあって、一つは故郷の山形県東田川郡立川町清川の歓喜寺墓所にある。もう一つは東京都文京区小石川の伝通院の墓所にあり、「贈正四位清河八郎正明之墓」の標柱の先に小さな墓が立っている。正面に「清河八郎正明墓」、右側に「浄山正恩信士」、左側に死亡日が刻まれている。八郎は通称、正明は諱。左に並ぶ墓は「貞女阿連墓」と記され、妻の阿連の墓である。

最近は週末になると「有名人の墓巡り」をする年配者が多いそうで、伝通院の八郎の墓前で、墓所の略図を手にした女性数人が、歓談しながら記念撮影をしている姿が目についた。

姉小路公知　凶刀に斃れた青年公卿

姉小路公知《あねがこうじきんとも》（公卿）
戒名　清烈院殿光誉忠粛義壮大居士
清浄華院　京都市上京区寺町通広小路上ル北之辺町　JR京都駅前から市バス府立医大病院前下車、徒歩五分
命日　一八六三年（文久三年）五月二十一日、二十五歳

姉小路公知の墓（清浄華院　京都市上京区）

京都市上京区の京都御苑に夕暮れが近づいていた。今出川御門から玉砂利を踏んで進むと、右手

に御所の長い塀が延び、北東の角の屋根裏に烏帽子をかぶった木彫の猿の像が見えた。猿ケ辻の名はこの猿の木像からついた。

一八六三年（文久三年）五月二十日戌の刻（午後八時）ごろ、公卿の姉小路公知は御所での会議を終え、従士の吉村右京、太刀持ちの金輪勇、それに提灯持ち、草履取りら四人の供に付き添われて退出した。この夜は月も見えない闇だった。

姉小路公知

塀沿いに猿ケ辻あたりまで来たとき、突然、三人の武士が刀を振りかざして現れ、供が持つ提灯を刀でたたき落とした。その瞬間、提灯の火が消えて真っ暗になった。驚いた金輪勇が刀を持ったまま逃げた。

公知は「何者だっ、太刀をっ」と叫びながら、闇のなかを斬り込んでくる刃を笏で受け止め、激しく渡り合ったが、笏が折れて顔を深々と斬られた。だが公知は必死に相手に組み付いてその刀をもぎ取り、応戦した。吉村右京も刀を抜いて立ち向かった。刺客は公知にとどめを刺すことができずに逃走した。

吉村は血まみれの公知の体を支えて、五、六丁離れた邸宅まで運び込んだ。医者が駆けつけ応急処置を施したが、顔、頭、胸などを斬られていて、二十八針で縫合したものの、出血多量で二十一日朝、絶命した。

犯行の翌日、京都学習院の壁に犯行声明文が貼り出された。この文面から、刺客らはこの夜、公知を襲った後、三条実美も襲うことにしていたが、帰宅時間がずれて果たせなかったことが判明した。朝廷はおののき、刺客捕縛の厳命を出した。

吉田東洋殺しの犯人の一人で薩摩藩邸に匿われていた土佐脱藩の那須信吾が姉小路家を訪ねて、公知が刺客から奪い取った刀を見せられ、「この刀は田中新兵衛のものにちがいない」と述べたことから、新兵衛らによる犯行説が強まった。

京都西町奉行所に連行された新兵衛は、白洲で厳しい取り調べを受けたが、知らないと言い張った。奉行は証拠の刀を取り出し、「姉小路殿に奪われた品、覚えがないとは申されまい」と迫った。新兵衛は一瞬、顔青ざめたが、一言も弁明せず、手渡されたその刀をいきなり腹に突き刺し、返す刀で首を刺して絶命した。

これによって公知の暗殺者は永遠の謎となった。新兵衛はなぜ死んだのか。証拠の刀は二十日ほど前、木屋町の飲み屋で盗まれたもので、武士の魂である刀を盗まれたうえ、殺人に使われたとあっては、申し開きもできなかった、というのが大方の推測だった。

公知を守って戦った吉村は朝廷から褒美をもらったが、刀を持ったまま逃げた金輪は捕まって六角牢に送られ、処刑された。

公知は三条実美と並ぶ急進尊攘派公卿として知られ、国事参政となった。しかし薩摩派と目される公卿大原重徳を弾劾して追い落としたほか、公知が勝安房（海舟）の説得で開国論に傾いたことで薩摩尊攘派の恨みを受け、これが事件につながったとされる。

御所の猿ケ辻を見た後、上京区寺町通広小路上ル北之辺町の清浄華院を訪れた。公知の墓は墓所の片隅に立ち、墓石の下方に二本の横ひびが入っていた。正面に「贈参議左中将藤原公知朝臣之墓」と刻まれている。藤原は大化の改新で功績のあった中臣鎌足が賜った姓、朝臣は朝廷の臣の意味である。

芹沢鴨　同衾中を襲われ、女も首討たれ

芹沢《せりざわ》鴨《かも》（新撰組初代局長）
壬生寺　京都市中京区壬生梛ノ宮町
JR京都駅前から市バスで四条大宮下車、京福電鉄嵐山線四条大宮駅下車、徒歩十分
命日　一八六三年（文久三年）九月十八日、年齢不詳

芹沢鴨の墓。平山五郎と並記されている（壬生寺　京都市中京区壬生）

一八六三年（文久三年）九月十八日夜、風雨が激しくたたきつけていた。新撰組局長芹沢鴨は、京都島原の角屋で大酒を飲んで酔いしれ、駕籠に揺られて壬生村の新撰組屯所の八木源之丞宅に帰ってきた。付き添いの隊士の平山五郎、平間重助、同行の芹沢の妾お梅、芸者の吉栄もすっかり酔

っていた。土方歳三たちが、今夜は存分に飲もうと酒をしきりに勧めたのである。近藤勇の命による謀略だった。

玄関に出迎えた隊士が、芹沢たちを突き当たりの大部屋へ誘い、部屋の真ん中に屏風を立てて仕切り、芹沢とお梅、平山と吉栄の二組を寝かせた。平間は別の部屋で寝た。

真夜中、歳三、沖田総司、原田左之助、山南敬介の四人が部屋に忍び込み、総司が寝ている芹沢の背をめがけて、「覚えしったかっ」と叫んで刀を振り下ろした。血がしぶき、首から肩にかけて大きく割れた。

芹沢は暗闇のなか、血まみれになって起き上がり、刀を取ろうとしたところを、原田が槍で突いた。お梅が刀を芹沢に渡そうとしたとき、歳三の刀が鋭く横に走り、お梅の首が飛んだ。

芹沢は廊下伝いに逃げようとしたが、歳三らに取り囲まれたので、隣の子供部屋に逃げ込んだ。だが真っ暗闇で見えず、火が消えている行燈に脛を打ち付け、布団の上に倒れ込んだ。そこへ歳三、総司らが襲いかかり、芹沢は全身をずたずたに斬られて絶命した。

芹沢 鴨

平山も眠ったまま斬られて即死した。吉栄は、いつの間にか姿を消した。

暗殺者たちが引き揚げてしばらくしてから、近藤勇が羽織袴姿で数人の隊士を率いて八木宅に赴き、芹沢、平山の遺体を引き取った。

以上は現場を一部始終目撃していた八木夫人マサの晩年の述懐による。

九月二十日、二人の遺体は紋付きの羽織、袴で正装され、太刀を供えられ、厳粛な葬儀がおこなわれた。新撰組の新たな首領になった近藤勇は、悲しみを込めて弔辞を読み上げた。以後、新撰組は真相をいっさい語ろうとしなかった。

芹沢は水戸藩士で、一八六二年（文久二年）、幕府の浪士組に加わった。清河八郎が江戸に戻ってからは京都に残り新撰組に参加、芹沢と新見錦、近藤勇の三人が局長となる特異な体制で、会津藩主松平容保預かりになった。芹沢と新見は水戸派同士ということで、近藤一派としばしば対立していた。

芹沢は日頃から粗暴な振る舞いが目立ち、しかも酒乱で、島原角屋の応接が悪いと言って暴れ、調度品まで打ち壊した。また豪商の大和屋に政治献金を迫り、土蔵に大砲を撃って脅し、火災を起こすなどして顰蹙《ひんしゅく》を買っていた。

京都守護職は困り果て、密かに近藤に命じて芹沢を始末したというのが暗殺の真相のようだ。これによって近藤勇、土方歳三を中心とする新撰組の体制が固まり、京洛の警備に凄惨な剣を振るうことになる。

京都市下京区新屋敷付近が島原の遊廓街で、新撰組の連中が通った島原大門や芹沢が暴れたという島原角屋が立っていた。中京区壬生梛ノ宮町の新撰組屯所になった八木邸を見てから、近くの壬生寺境内に詣でた。壬生塚に小さな墓があり、真ん中に命日の年月日、その右に芹沢鴨、左に平山五郎の名が並んで刻まれていた。

そばに近藤勇像も見える。討つもはた、討たるるもはた、の思いを込めて芹沢の墓前に佇むと、〝壬生浪〟と呼ばれた男たちの悲憤の声が聞こえてくるような思いにとらわれた。

第3章　禁門の変前後

冷泉為恭　「天誅！」の叫びとともに

冷泉為恭《れいぜいためちか》（画家）
戒名　光阿弥陀仏
善福寺境外　奈良県天理市匂田町　近鉄天理駅下車、徒歩二十分
命日　一八六四年（元治元年）五月五日、四十二歳

冷泉為恭の墓（善福寺境外　奈良県天理市）

一八六四年（元治元年）五月五日、大和丹波の永久寺に身を潜めていた画師冷泉為恭のもとに、泉州堺の大和屋から迎えの駕籠が来た。勤皇の志士らに命を狙われ、隠れ家を何度も変えてきただ

けに、為恭は一瞬、不審に思ったが、公卿や幕府所司代とも親交がある身なので、気を取り直して駕籠に乗り込んだ。

だがやはり罠だった。勤皇派の刺客が大和屋を脅して、駕籠を差し向けたのである。

永久寺を出て街道を十丁（約一・一キロ）ほど進み三昧田村の鍵屋の辻に差しかかったとき、「その駕籠、待てぃ」と呼び止められた。はっ、となった瞬間、三人組のうちの一人がいきなり駕籠の垂れ越しに、為恭の太股を刀で突き刺した。悲鳴を上げて逃げようとするのを、もう一人の刺客が抜き打ちざまに、「天誅！」と叫んで首を斬り落とした。あっという間の、目にもとまらぬ早業だった。

刺客たちは死体の上に斬奸状を置き、首だけ持って立ち去った。斬奸状には次のように書かれていた。

冷泉為恭

> 右の者姦人に党《くみ》し、種々の大姦謀を工《たくら》み候処、近来落髪、名を心蓮と改め、画師と称し諸方流寓致居り候処、天誅逃るべからず、今日此地に於て斬戮《ざんりく》せられ候、首級携へ帰り候へ共、死骸其儘捨て置候間、面倒乍ら始末万端《ばんたん》土人に托し候。

鍵屋の辻は、高取藩永原村と名張藩三昧田村のちょうど境界あたりで、両藩とも事件に関わるのを恐れて手を出さず、死体は筵をかけられたまま三日間、放置された。

為恭の首は翌朝、大坂御堂前の石灯籠の火袋に押し込められ、そばに、斬奸状より詳しい罪文が掲げられていて、参拝に訪れた人々をおののかせた。

為恭の姓の冷泉は芸名で、公家とは関わりない。狩野永岳の甥で、幼少から学問を好み、十一、二歳のころ、大和絵の古体に引かれ、古社寺に詣でて古画を写し、独特の技法を会得。大和絵の継承者としてその復興を目指していた。

一八五〇年(嘉永三年)、二十八歳のとき、岡田出羽守の養子に入り岡田姓に変わり、関白九条尚忠のお付きになった。六二年(文久二年)に念願の近江守に任官したが、京都所司代に接近して幕府に通じていると噂された。おののいた為恭は京都西加茂・神光院に逃げ込んだが、朝廷から官位返上を命じられた。

為恭は紀州の粉河寺に逃れて剃髪し、名も心蓮坊光阿と称したが、なおも追及の手が伸び、その後、泉州堺の安楽院から大和丹波の永久寺へ移り、身を潜めた。だがここも察知され、危険が迫っていたのだった。この間に為恭が描き上げた作品は『小御所襖絵』(一八五五年)、『仏頂尊勝曼荼羅』(一八五四年)、『大樹寺大方丈障壁画』(一八五七年)など多数ある。

為恭殺しの犯人はついに挙がらなかったが、一説に長州の大楽源太郎、神山進一郎、天岡忠蔵の三人だとされた。為恭がはたして幕府の諜者だったのかも明らかでなく、大楽が為恭の妻綾子に思いを寄せていたのが原因ともいわれた。

為恭が潜んでいた永久寺は明治維新後の廃仏毀釈で廃寺になったが、暗殺された天理市の三昧田の現場近くには史跡「岡田為恭遭難碑」が立っている。翌朝、生首が置かれていた大坂御堂前までざっと四十キロ。犯人はここから走りづめに走って、運んだことになる。だが生首を押し込んだという石灯籠はどれなのか、現在では特定できない。

為恭の墓は、奈良県天理市匂田町の善福寺墓所の境外にあり、正面に「岡田為恭墓」と刻まれている。あたりはペットの墓地になっていて、為恭の墓だけがぽつんと見える。静寂な薄暗い場所で、墓はその最期を思わせるように、うずくまり、涙しているかに見えた。

宮部鼎蔵ほか　尊攘派が襲われた池田屋事件

宮部鼎蔵《みやべていぞう》（肥後浪士）
三縁寺　京都市左京区岩倉花園の境内に「池田屋騒動殉難列士之墓」。ＪＲ東海道本線京都駅前から京都バス、花園町下車、徒歩二分
小峰墓地　熊本市黒髪　ＪＲ鹿児島本線熊本駅前からバス、立田山入口下車、徒歩十五分　ここから一キロほど離れた桜山神社にも
命日　一八六四年（元治元年）六月五日、四十五歳

宮部鼎蔵と松田重助の墓（三縁寺　京都市左京区）

一八六四年（元治元年）六月五日夜は、京都・八坂神社の宵宮の前日で、祇園囃子がにぎやかに

流れるなか、祭りの準備が進められていた。

河原町三条小橋西入ル北側の旅籠池田屋二階では、肥後脱藩の宮部鼎蔵、松田重助をはじめ、長州脱藩の吉田稔麿、杉山松介、土佐脱藩の北添佶摩、望月亀弥太、石川潤次郎、播州脱藩の大高又次郎ら二十数人の尊攘派志士が謀議をめぐらしていた。

宮部は前年の一八六三年（文久三年）、三条実美ら七人の公卿が官位を剝奪されて長州へ落ちた際、親衛隊参謀として同行した。京都に戻り、同志とともに強風の日を選んで洛中に火を放ち、混乱に乗じて天皇を長州へ移し、参内する中川宮朝彦親王（青蓮院宮）と会津藩主で京都守護職の松平容保らを襲う計画を立てた。ところがこの朝、同志である四条寺町の道具屋枡屋喜左衛門こと古高俊太郎が新撰組に捕まったので、善後策を練っていたのである。

四ツ時（午後十時）過ぎ、謀議を終えた連中が部屋に戻り、眠りにつこうとしたとき、新撰組局長近藤勇が隊士わずか六人を率いて池田屋に踏み込んだ。この突然の襲撃に、志士たちは慌てて飛び起きたが、刀を宿に預けていて手元にない。やむなく短刀や脇差しなどで応戦した。間もなく四国屋（丹虎）へ向かっていた土方歳三ら二十八人が駆けつけた。

宮部鼎蔵

すさまじい戦いは二時間にも及び、部屋から廊下一面にかけて血の海になった。宮部は斬られて重傷を負い、自決。松山脱藩の福岡祐次郎も同様に重傷を負って自決した。松田、石川、北添、大高、それに長門美濃郡大嶺八幡宮神職の広岡浪秀らも斬られて死んだ。重傷の望月は池田屋を脱出したものの、自決。吉田は裏二階伝いに逃れ、河原町御池の長州藩邸に入ったが、再び池田屋へ向かおうとしたところを幕吏に襲われて自決した。杉山は傷を負って長州藩邸へ逃げ込んだが、後日、死んだ。

この襲撃で尊攘派の死者は、のちに死んだ者も含めて十三人、捕縛者は二十三人にのぼった。遺体は三縁寺に運ばれ、埋葬された。桂小五郎（木戸孝允）も池田屋にいたが、襲撃寸前にほかに移動していたとも、襲撃と同時に屋上に逃げて危機を脱したともいわれている。

池田屋襲撃のきっかけは、捕縛された古高俊太郎の自供による。古高は近江国大津出身、山城国山城毘沙門堂門跡近習で、急進的な攘夷派。新撰組は家宅捜索をして武器や弾薬類を押収し、古高を拷問にかけて追及した結果、洛中に騒乱を起こす陰謀が発覚した。

近藤は直ちに京都守護職と所司代に報告し、五ッ時（午後八時）を期して池田屋と四国屋を襲撃することにした。ところが守護職と所司代の出動が遅れ遅れになり、しびれを切らした近藤は新撰組を二手に分け、自分は池田屋を、歳三には四国屋を襲撃させた。守護職などの幕吏が池田屋に駆けつけたときには、乱闘はほとんど終わっていた。

事件の舞台となった池田屋の建物は現存せず、三条河原町の道路脇に史跡「池田屋騒動之跡」の石柱が立っているだけ。宮部の墓は熊本市黒髪の小峰墓地にある。自然石に「宮部鼎蔵君墓」、並んで「室中尾氏」とある。夫人が中尾家の出であることを示すものだ。

「池田屋騒動殉難列士之墓」は左京区岩倉花園の三縁寺にある。鳥居がついた自然石の墓の正面に、二列に「贈正四位　宮部増実之墓」「贈従五位　松田範義之墓」と同郷の二人の名が刻まれていて、裏面に池田屋事件の詳細が記されている。一八九〇年（明治二十三年）、二十七回忌の建立とわかる。宮部の鼎蔵は通称、増実は諱、松田の重助は通称、範義は諱である。その左側に吉田稔麿、杉山松介、北副（添）佶磨、望月亀弥太、石川潤次郎、それに広岡浪秀の六人連名の墓がある。こちらは一九三三年（昭和八年）、七十回忌の建立である。これらの墓石から、明治維新が数年遅れたとまでいわれた事件の重さがひしひしと伝わってくる。

佐久間象山　開国論者の無残な最期

佐久間《さくま》象山《しょうざん》（兵学者・信州松代藩士）
戒名　清光院仁啓守心居士

心寺大法院（京都市右京区）

佐久間象山の墓（蓮乗寺　長野県長野市）

妙心寺大法院　京都市右京区花園　地下鉄烏丸線丸太町駅前から市バス、妙心寺前下車、徒歩三分。京福電鉄北野線妙心寺駅下車、徒歩五分
蓮乗寺　長野県長野市松代町　長野電鉄松代駅下車、徒歩十五分
命日　一八六四年（元治元年）七月十一日、五十四歳

一八六四年（元治元年）七月十一日七ツ半（午後五時）ごろ、松代藩の兵学者、佐久間象山は馬に乗り、京都小橋から木屋町へ差しかかった。木屋町三条上ル大坂町の邸宅、煙雨楼はもう目の前だ。馬の轡を取るのは馬丁の半平で、ほかには誰もついていない。

町家の軒下に佇んでいた武士たちのなかの一人が、やにわに馬上の象山めがけて斬り付けた。ひるんだ隙に、背後から別の武士が躍り上がるようにかかってきた。象山は懐中の短筒を取り出せないまま、馬の腹を蹴って逃れようとした。だがわずかに走っただけで、前方に二人の刺客が道の両側から飛び出し、象山の腰に斬り付けた。馬は狂ったように駆けたが、行く手にまた二、三人の刺客が待ち構えていた。

深傷を負った象山は、自邸を目前にしてたまらず落馬した。そこへ刺客たちが駆け寄って、めちゃめちゃに斬り付けた。象山はそのまま絶命した。調べたところ全身に十三カ所の切り傷があった。

その日のうちに三条大橋の河畔に、皇国忠義士の名で斬奸状が貼り出された。

此の者、元来西洋学を唱ひ、交易開港の説を主張し、枢機元方え立入、御国是を候罪捨て置き

難く候処、剰《あまつさ》へ奸賊会津、彦根の二藩に与同し、中川宮と事を謀り、恐れ多くも九重御動座、彦根城え移し奉り候儀を企て、昨今頻りに其の機会を窺《うかが》い奉り候。大逆無道天地に容る可《べ》からざる国賊に付、即ち今日三条木屋町に於て天誅を加え畢《おわんぬ》。但し斬首して梟木にかくるべきの処、白昼其の儀能《あたわ》ざる者也

象山は、老中で海防掛の松代藩主真田幸貫の命令で海防問題に取り組み、世界に比べてわが国の立場の弱さを痛感した。そのため、オランダから船を購入することなど、大船、大砲の必要性を説く「海防八策」（一八四二年）を提出。自ら江戸木挽町に塾を開き、西洋砲術と儒学を教えた。一八五四年（安政元年）、門弟の吉田松陰の密航をそそのかしたとして幕府に捕らえられ蟄居になったが、日米修好通商条約締結に際してはひるむことなく藩家老を通じて幕府に折衷案を送るなど、持論を貫いた。

佐久間象山

九年ぶりに許され、一八六四年（元治元年）三月、幕府の海陸御備向手付御雇として上洛した象山は、公武合体と開国の必要性を皇族、公卿などに説いて回った。

この朝も山階宮邸を訪ねようと、腰に大小を差し、懐中に短筒をしのばせ、自分で書いた開港勅許の草案を持ち、若党、草履取り、それに馬丁の半平ら四人を従えて出立した。世界地図は付き人に持たせていた。

だが山階宮が不在だったので、付き人を先に帰して、信州松代藩の宿陣である五条寺町の本覚寺に立ち寄った。そこから半平一人を連れて帰宅の途中、襲撃されたのだった。

犯人はようとしてわからず、松代藩は禍が藩に及ぶのを恐れ、象山の背中に傷があるのを理由に、武士にあるまじき醜態として七月十四日、知行と屋敷を没収したうえ、息子にも蟄居を命じ、佐久間家は断絶した。

暗殺者はのちに肥後藩士の河上彦斎、因州藩士の前田伊右衛門らといわれた。河上は〝人斬り彦斎〟と呼ばれる名うての殺し屋だった。

遭難現場の京都市中央区木屋町通りは、現在も道幅がごく狭い。象山が乗っていた馬が全力で駆け抜けるのを、三重四重に襲う手口は並のものではない。「遭難之地碑」は木屋町通りの高瀬川畔に、大村益次郎遭難碑と並んで立っている。

象山の墓は右京区花園の妙心寺の塔頭大法院にある。静寂に包まれた広い墓所を行くと「象山佐久間先生墓」と刻まれた墓前に、枯れ葉が舞い落ちていた。墓は出身地の長野市の蓮乗寺にもある。象山に心酔する人はいまも多く、墓参者が絶えないという。

平野国臣　騒乱のなか、牢獄で殺害される

平野国臣《ひらのくにおみ》（福岡藩士）

竹林寺　京都市上京区西ノ京中保町　ＪＲ山陰本線（嵯峨野線）円町駅下車、徒歩三分

六角獄舎跡に「殉難勤王志士忠霊塔」　京都市中京区六角大宮西六　ＪＲ山陰本線（嵯峨野線）二条駅下車、徒歩八分

「殉難勤王志士忠霊塔」と刻まれた平野国臣ほか数十人の碑（六角獄舎跡　京都市中京区）

「平野国臣外三十餘士之墓」（竹林寺、京都市上京区）

■命日　一八六四年（元治元年）七月二十日、三十七歳■

〝八・一八の政変〟で朝敵にされた長州藩は、一八六四年（元治元年）六月、汚名を返上しようと、尊攘急進派の志士らとともに京都へ出兵し、七月十九日、御所を守る会津、桑名、薩摩の諸藩兵と激突した。禁門の変である。戦火は京都の町をなめ尽くし、翌二十日になっても燃え続けた。〝どんど焼き〟と呼ばれた。

京都六角の牢獄にも延焼する恐れが出てきたので、京都奉行は六角牢獄に対し、幽閉されている「生野の変」の首謀者で尊皇派の福岡藩士、平野国臣ら三十七人を全員殺害せよと厳命した。本来なら火災が収まったら戻る「切り放し」にするのだが、勤皇の志士と称する反幕思想犯や政治犯ばかりなので、放したら最後、逃げられると判断したための残忍きわまる措置だった。

獄吏は、獄舎につながれている囚人たちに対して、殺害の実行を伝えた。国臣は自らしたためた辞世を獄窓から獄吏に差し出して、合掌した。いつ死んでもいいようにと詠んだ和歌の一つだった。

年老ひし　親の嘆きはいかならん　身は世のためと　思ひかへても

国臣はうやうやしく御所の方角に向かって伏し拝んでから、胸を広げ、「よしっ」と叫んだ。獄吏は槍をしごき、国臣の胸元めがけて一度、二度、突き刺した。その瞬間、血が壁にしぶき、国臣の体は崩れ落ちた。

ほかの獄舎でも殺害が実行され、怒号や悲鳴が響く、凄惨きわまる修羅場を現出させた。処刑がすみ、心配された火災は結局はここまで至らず、遺体は西の京の刑場に捨て埋められた。この強硬な措置に非難の声が出た。

国臣は、福岡藩の足軽三人扶持六石という微禄の次男に生まれた。小金丸家の養子になり、宗像神社の造営掛や長崎屋敷の役人を務めるうち和漢の書に触れ、国粋主義者へと傾倒していく。脱藩して上京し、尊皇攘夷派の志士と交わり、安政の大獄が起こると藩の追及が厳しくなったので、筑前に潜み、薩摩、備中、下関に逃れ、九州各地を転々とした。

一八六一年（文久元年）七月、「尊攘英断録」を書いて薩摩の島津久光に呈した。王政回復を論じ、久留米の神官真木和泉と会い、久光を擁して伏見に義兵を挙げる計画を立てた。さらに京に戻り、「回天三策」（一八六四年）を密かに朝廷に奏上し、諸国の志士と挙兵を画策した。

平野国臣

福岡藩主黒田長溥が久光の義挙を止めようと、故郷を発って途中まで来たのを知り、阻止すべきでないと諫言して中断させた。だがそれを咎められ、藩吏に捕縛される。赦されて学習院に出仕、かたわら天誅組挙兵鎮撫の命を受けて五条へ赴いた。

この鎮撫に失敗した国臣は七卿のうちの一人沢宣嘉を迎えて生野の代官所を襲撃し、倒幕ののろしを上げたが、沢が突如、本陣を脱出する。やむなく逃れる途中、城ノ崎で豊岡藩士に捕らえられ、福岡藩へ護送された。一八六四年（文久四年）一月、京都六角の牢獄に移された。

朝廷は国臣の赦免を内示したが、福岡藩は幕府の手前、かたくなに拒絶した。国臣は獄舎で和歌を作るなど、無聊を慰めるうち、禁門の変に遭遇することになる。

京都市中京区六角大宮西の六角獄舎跡に「勤王志士　平野国臣外数十名終焉之地」と刻まれた碑、そのそばに「殉難勤王志士忠霊塔」が立っている。一八七七年（明治十年）夏、京都府の建設工事で西ノ京刑場跡地からおびただしい人骨が見つかり、禁門の変の最中に殺害された人々のものと判明した。有志らが竹林寺に運んで弔ったが、住職が変わるなどして、埋めた場所がわからなくなった。一九一〇年（明治四十三年）、住職が木を植えようとした折に人骨が出たので、改めて縁者が五輪塔を建て、これを墓とした。境内に「贈正五位平野国臣外三十余士之墓」の標柱が立っている。

真木和泉（保臣）　禁門の変に敗れ、反幕を貫く

真木和泉《まきいずみ》（保臣《やすおみ》）（神官、真木神社祭神）

真木神社　福岡県久留米市瀬下町、水天宮境内　ＪＲ鹿児島本線久留米駅下車、徒歩五分

真木和泉以下十七士の墓　京都府乙訓郡大山崎町の天王山の山中。東海道木線山崎駅

下車、徒歩四十分
命日　一八六四年（元治元年）七月二十一日、五十二歳

真木和泉以下十七士の墓（京都府乙訓郡大山崎町の天王山）

一八六四年（元治元年）六月、長州藩は大軍をもって京都に攻め上った。久留米の神官真木和泉（保臣）は浪士隊を組織し、五隊編成の第一隊浪士隊総監として大山崎の天王山に布陣した。七月十九日、朝廷は幕府の意向を容れて長州藩追討令を発した。これを聞いた長州藩は軍議を開いたが意見がまとまらず、問われた和泉は、出撃すべきだ、と主張した。これが戦闘につながっていく。禁門の変である。

和泉は水干、烏帽子をつけ、浪士隊を率いて京都へなだれ込み、御所警護の会津、彦根、薩摩の諸藩兵と戦ったが、逆に攻め込まれて敗走した。

長州藩主父子に罪を着せる結果になったのを悔やんだ和泉は、天王山へ戻って死のうと覚悟し、敗走する長州藩兵に対して、帰国したのち再度兵を挙げるよう励ました。そしてともに戦ってきた弟の外記、次男菊次郎を諭し、長州

真木和泉

藩兵に同行して故郷へ戻らせた。

和泉の決意を知って、ともに死のうと願い出る者もいた。長州藩の決起に同調した久留米、福岡、熊本、土佐、宇都宮藩の藩士たちで、二十代、三十代の若者十七人である。

二十日、天王山に陣を敷いた和泉のもとに、郡山藩家老が使者として訪れ、その態度をたたえたうえ、討つのは忍びないので早々に退去するよう伝えた。だが和泉は「会津藩兵に最後の決戦を挑んでから、自刃する覚悟」と述べ、酒を振る舞い、帰した。

二十一日早暁、和泉は大きなかがり火を燃やして大軍がいるよう見せかけ、陣の真ん中に旗を立て、全員兜を脱いで置き、訣別の盃を交わした。

和泉は乱れ髪を短刀で切って地中に埋めてから、短冊に辞世をしたため、家来の大沢逸平に、長州にいる公卿三条実美に送るよう命じた。ほかの者たちもそれぞれに辞世を紙片や扇に書き、近くの松の木の小枝に結んだ。次に和泉以下十七人の連署で決死の理由書を用意し、天王山社殿に貼り

付けた。

　かがり火に誘われるように、会津藩兵が新撰組を先鋒に、大砲を引いて天王山に攻めてきた。それを察知した和泉が「いまぞっ」と叫んで着物をひらき、腹に刀を突き立ててぐいっと横に引いた。血があふれ、和泉の体は前のめりになって倒れた。ほかの連中もいっせいに腹を割いた。

　一瞬、爆発音が響き渡り、黒煙が山頂高く上った。驚いた会津藩兵らがおそるおそる山頂へ上ってみると、火煙漂うなか、和泉ら十七人の焼けただれた割腹死体が見つかった。

　和泉の墓はこの京都府乙訓郡大山崎町の天王山にある。東海道本線山崎駅から途中、山道に入り、たっぷりと四十分はかかる。うっそうたる樹林を見ながら進むと、天王山の山中に「真木和泉以下十七士の墓」が並んでいた。和泉の墓は門扉と石柱に囲まれたもので、両袖に二個の石灯籠が置かれている。墓の正面には「烈士墓」の文字と家紋が深く刻まれていて、下段に氏名が書かれている。

　ほかの墓も同様に「烈士墓」と家紋、氏名が刻まれている。文字を読みながら歩くと、当時の騒然とした雰囲気が迫ってくる。ここから京都の町は望めないが、京都からは山頂の猛々しいかがり火が見えたにちがいない。

　和泉を祭神とする真木神社は、福岡県久留米市瀬下町の水天宮境内にある。和泉が死の直前にしたためて三条実美に贈った辞世は、真木神社の社宝として納められている。

中山忠光　おびき出されて絞殺

中山忠光《なかやまただみつ》（公卿、中山神社祭神）
中山神社　山口県下関市綾羅木本町　ＪＲ山陰本線綾羅木駅下車、徒歩十分

中山忠光の墓（中山神社境内　山口県下関市綾羅木）

中山神社（山口県下関市綾羅木）

命日　一八六四年（元治元年）十一月十五日、二十歳

一八六三年（文久三年）八月、権大納言中山忠能の七男で、十九歳の若い勤皇公卿の中山忠光は、

天誅組を率いて倒幕ののろしを上げた。だが敗れて大坂に逃れ、船で長州に亡命した。長州藩は幕府に狙われ続ける忠光を支藩の長府藩に預けて保護し、延行村に小さな家を建て、護衛をつけて住まわせた。

ところが翌一八六四年（元治元年）、禁門の変で長州藩は朝敵となり、また、イギリス・フランス・オランダ・アメリカ四カ国連合艦隊の襲撃によって窮地に立たされ、幕府に対し恭順の姿勢を取らざるをえなくなった。お尋ね者の忠光を匿っているので、隠密がうろついているという噂も立ちだし、困り果てた長州藩の命で、長府藩は忠光を日本海沿いの村から村へ転々と移動させた。

そして十一月十五日の夜、長府藩領田耕村に潜んでいた忠光のもとに田耕村の庄屋山田幸八がやってきて、「幕府の隠密が現れたので、すぐにお移りいただかねばならなくなった」と伝えた。

忠光は風邪で臥していたが、驚いて起き上がり、身支度を整え、提灯を持つ幸八の後について白滝山麓の山道を急ぎ足で歩きだした。と、突然、幸八が駆けだし、同時に物陰から五人の武士が現れ、ものも言わずに忠光の足元をこん棒でさらった。忠光は体勢をくずして道端の田んぼに転がり落ちた。

中山忠光

武士たちは倒れた忠光に襲いかかり、必死に抵抗するのを押さえ付けて首を絞めた。忠光は声も立てられずに絶命した。姉小路公知とともに、数少ない公卿の暗殺である。

武士たちは用意の長持ちに遺体を入れて長府の城下まで運ぼうと夜道を急いだが、綾羅木の海岸まで来たとき、夜が明けた。武士たちは慌てて砂浜に穴を掘って長持ちを埋め、逃走した。ここは忠光が最初に潜居していた豊浦郡延行村に近い。発覚しても、病死したので海辺に埋葬したと言い逃がれられると思ったのかもしれない。

長府藩は、犯行が明るみになるのを恐れて箝口令を敷き、中山家からの問い合わせに対しては、忠光は酒が好きなうえ、侍女におぼれて衰弱し、病死した、と答えた。だが忠光と最後まで一緒にいた侍女の恩地登美は、忠光が幸八に連れ出されるのを目撃していた。登美は忠光の子を身ごもっていた。

長府藩は登美の口をふさごうと城下に軟禁したが、忠光に近い長州藩奇兵隊が登美の身柄を救出し保護した。下関の実家に戻った登美が父親に真相を話したことから、忠光殺しが明白になった。問題はこれにとどまらず、明治天皇が即位すると、忠光は天皇の叔父ということで、長州藩は重い難題を背負うことになる。

忠光が最後に潜んだ家はいまも存在し、事件現場跡には自然石の遭難碑が立っている。忠光の墓は、忠光を祭神とする中山神社境内にある。石柱で囲まれた正面に扉がついていて、その中央に「藤原忠光卿神霊」と刻まれている。ここが元は遺体を埋めた綾羅木の浜で、現在の下関市綾羅木本町である。

墓の近くに辞世とされる「思ひきや野田の案山子の梓弓　引きも放たで朽ちはつるとは」の一首を刻んだ碑が立っていて、その無念さが偲ばれる。

忠光の〝忘れ形見〟について触れたい。登美は間もなく女子を産み、母子とも中山家に引き取られた。遺児の仲子は長じて嵯峨家に嫁ぎ、その孫娘浩は「満州」国皇帝愛新覚羅溥儀の弟溥傑と結婚し、〝流転の王妃〟と呼ばれることになる。歴史の不思議さを感じずにはいられない。

福原越後／益田右衛門介／国司信濃　〝禁門の変〟を謝罪し、切腹

福原越後《ふくはらえちご》（長州藩家老）
戒名　隆文院願堂全忠居士

三家老の墓（東光寺　萩市椿東）

福原越後の墓（宗隣寺　宇部市小串台）

益田右衛門介の墓（阿武郡須佐町の笠松山麓）

宗隣寺　山口県宇部市小串二一〇　ＪＲ宇部線宇部新川駅下車、バスで小串下車、徒歩三分

益田右衛門介《ますだうえもんすけ》（長州藩家老・須佐領主）

戒名　高正院大義全明

山口県阿武郡須佐町の笠松山麓に。ＪＲ山陰本線須佐駅下車、徒歩八分

国司信濃《くにししなの》（長州藩家老）

戒名　積翠院忠広道義大居士

天龍寺　山口県宇部市奥万倉一四一一　ＪＲ山陽本線厚東駅下車、船鉄バスで舟木営業所乗り換え、堀越楠若者センター前下車、徒歩十五分

三人の墓　萩市椿東　毛利家菩提寺の東光寺墓所に。ＪＲ山陰線椿東駅前から循環バスで東光寺町前下車、すぐ

命日　一八六四年（元治元年）十一月十二日、五十歳（福原）、三十二歳（益田）、二十三歳（国司）

一八六三年（文久三年）に起きた〝八月十八日の政変〟で、京都を追放された長州（萩）藩は翌

六四年（元治元年）六月、藩主毛利敬親父子の免罪を求めて大軍を京都に進めた。藩主から軍令状を受けて、先鋒隊五百を率いたのが長州藩家老の福原越後である。

伏見に入った福原は、嵯峨の天竜寺と山崎の天王山に駐屯する藩兵らと呼応して出陣した。七月十九日朝、藤森付近で大垣藩兵と戦闘になり、福原は弾丸を顔面に受けて負傷、隊は山崎へ退いた。だがほかの長州藩兵は一気に京都に攻め入り、御所の蛤御門を守備する会津、桑名、薩摩の藩兵と激しい戦いを交えたあげく、敗退した。福原は戦いに参加することなく、敗走する軍勢とともに宇部へ撤退した。禁門の変である。

この戦いで長州は朝敵とされ、幕府は第一次征長軍を送り込み、一気に押し潰そうとした。長州藩内は抗戦もやむなしとする正義派と、恭順を示そうとする俗論派に分裂、対立した。征長軍総督参謀の薩摩の西郷吉之助（隆盛）は、これを好機とみて対立を煽った。おののいた長州藩内は一転、俗論派へ傾き、過激な正義派を処刑して幕府に謝罪した。

福原越後

幕府は、禁門の変の責任者として、福原をはじめ、福原と同様に先鋒隊を率いた益田右衛門介、手勢を率いた国司信濃の三家老の首級を差し出せ、と要求した。

福原、益田、国司の三家老は徳山藩の家臣宅で謹慎した。福原は徳山藩主毛利兵庫守広鎮の六男で、佐世石見親永の養子になった後、藩命によって長州藩家老の福原家を継いだだけに、わが家に戻った心境だっただろう。

藩内から処刑に反対する声が高まり、身柄を密かに奪い取ろうとする動きも出たため、俗論派は急いで三家老を処刑しようと、福原だけを岩国に移した。だが福原はその罪状を認めようとせず、最後まで抵抗し続けた。そのあげく、十一月十一日、岩国の龍護寺に送られ、翌十二日、切腹させられた。

益田、国司の二人も同じ日、それぞれ徳山の惣持寺と澄泉寺で切腹させられた。国司は二十三歳の若さで、前年六月に家老になったばかり。益田も三十二歳だった。

三人の首は広島の国泰寺内の征長総督府に運ばれた。『征長総督実検の図』（徳川美術館蔵）にはその模様が生々しく描かれている。この謝罪によって長州藩は、いったんは危機を脱することになる。

益田右衛門介

国司信濃

三人の家老の墓は、萩市椿東の毛利家の菩提寺、東光寺の墓所に並んで立っている。そばに「元治甲子殉難烈士」の十一士の墓がずらりと並ぶ。三家老の墓の側面に七言律詩や辞世、刑死の日付が刻まれている。福原のものは幽囚中の作の七言律詩である。

中原賊を逐う気鷹揚　猟狗烹らるる時この殃に罹る　愁思徒に逾える三閲月
頽齢将につきんとする五句霜　休はやするを知る食に甜味なし
髪はひねるに足る詩は章を調べ難し　嘆ず邦家何の日か定まらん　忠精力一貫す鉄心腸

益田と国司のものは辞世である。二句を掲げる。

今さらに　なにあやしまむ空蟬の　よきもあしきも名のかはる世は

よしやよし　世をさるとてもわが心　皇国のためになほつくさばや

東光寺のほかに、福原の墓は宇部市の宗隣寺の墓所にある。墓は石柱で囲まれた立派な造りである。国司の墓は同市奥万倉の天龍寺にある。

益田の墓は、須佐領主として勤めた阿武郡須佐町の笠松山麓にある。雨上がりの山路を踏みしめて登ると、益田家墓所の一隅に、虚空を突くようにそびえていた。

武田耕雲斎　天狗党に集団処刑の嵐

武田耕雲斎《たけだこううんさい》（水戸天狗党首領）
戒名　誠忠院雲老種月居士
耕雲寺　茨城県水戸市見川二の耕雲斎の屋敷跡
ＪＲ常磐線水戸駅前からバス、見川小前下車、徒歩七分
松原神社そば処刑地跡にも墓。ＪＲ北陸本線敦賀駅前からバス、松原公園口下車、徒歩五分
命日　一八六五年（元治二年）二月四日、六十三歳

武田耕雲斎の墓（茨城県水戸市　耕雲寺）

一八六四年（元治元年）三月、水戸藩内の尊攘派が天狗党を名乗って筑波山で挙兵した。藤田小四郎（藤田東湖の四男）をリーダーとする〝天狗党の乱〟である。だが幕軍や水戸藩保守派の諸生党らに追い詰められて、那珂湊で投降した。しかし大子村に集結した千人ほどは水戸藩元執政武田耕雲斎を首領に、京都へ向けて出発した。前藩主徳川斉昭の子の一橋慶喜を通じて、攘夷の心情を朝廷に嘆願しようというのである。

天狗党の一行は北陸道を進んだが、途中、食糧不足に悩まされ、通過する村落で軍資金や食糧を強要したので、幕府は暴徒と見なして討伐命令を出した。

十二月二十日、天狗党は越前敦賀近くまで来たが、加賀藩（金沢藩）の大軍が待ち構えていた。しかも頼みの慶喜が討伐軍に加わっていると知り、降伏した。五十八日間に及ぶ死の行軍だった。加賀藩は投降した連中を敦賀の寺院に収容し、丁重に扱った。

年が明けて一八六五年（元治二年）二月一日、追討軍総括の相良藩主田沼意尊が敦賀に入った。田沼は、降伏人たちを引き取るなり、袴を脱がせて下帯まで調べ上げ、敦賀の船町に立つ十六棟の鰊蔵に分けてぶち込んだ。耕雲斎ら役職者三十人ほどを除いて、残りの者は左足に木製の重い足枷をはめられた。

鰊蔵とは肥料にする鰊を保存する土蔵で、床には何も敷かれておらず、窓には板が打ち付けられていてなかは真っ暗闇、しかも震え上がるほど寒い。食事は一日二回、握り飯一つとぬるま湯が一杯だけ。最もひどいのは四斗樽に板を渡しただけの便器で、これを土蔵の真ん中に置いたので、ただでさえ狭い土蔵が窮屈になり、悪臭が充満した。

武田耕雲斎

田沼は、最初に耕雲斎ら首脳の取り調べを始めた。耕雲斎は尊皇攘夷を目的とした正義の出陣だと主張したが、田沼は黙って聞いていた。降伏人の数が多いので、後になると、降伏人を引き出して「そなたは合戦をしたか」と聞き、「はい」と答えた者は断罪、「いいえ」と答えた者は流罪か水戸藩渡しにするなど、簡単に処分が決まった。処刑を言い渡されたのは耕雲斎ら首脳と「はい」と答えた者を含めて三百五十三人にのぼった。

処刑は二月四日、敦賀の来迎寺野でおこなわれ、最初に耕雲斎が首を討たれた。処刑場の近くに三間（約六メートル）四方の穴が五カ所掘られ、首のない耕雲斎の胴体が投げ捨てられた。処刑は間断なく続けられ、首と離れた胴体が無造作に投げ込まれ、屍がうずたかく積み上げられた。この日、二十四人が処刑され、その後、二十三日まで四回にわたって続いた。他に類を見ないすさまじい大量処刑の嵐だった。

耕雲斎の首は三月初め、水戸に運ばれ、水戸藩はこれを各所で晒した。諸生党は耕雲斎の妻に生首を抱かせて、斬首にした。子、孫五人もすべて処刑された。

〝天狗党の乱〟は収まったが、血生ぐさい抗争は明治維新後まで尾を引くことになる。

耕雲斎の墓は水戸市見川の耕雲寺にある。ここはかつて耕雲斎の屋敷だったところで、寺の裏手に広がる墓所を行くと、「贈正四位耕雲斎武田彦九郎正生」と記された標識のそばに「故伊賀守従五位下武田府君墓」と刻まれた墓が立っている。背後に卒塔婆が重なって置かれていた。耕雲斎は雅号、彦九郎は通称、正生は諱である。もう一つの墓は敦賀市の松原神社そばの処刑地跡にある。小高い丘が石柱で囲まれ、そのなかに頭部が山型をした墓が立ち並び、耕雲斎の墓だけが少し高い位置に座している。中央の「武田伊賀守」の文字を囲むように、石面いっぱいに略歴が記されていて、蜂起しなければならなかった耕雲斎の心情を伝えている。

第４章　大政奉還の陰で

岡田以蔵　人斬り以蔵と呼ばれた男

岡田以蔵《おかだいぞう》（土佐藩士）
真宗寺山墓地　高知市浦戸町薊野　土佐電鉄バスで比島橋下車、徒歩十五分
命日　一八六五年（慶応元年）五月十一日、二十八歳

岡田以蔵の墓（高知県高知市の真宗寺山）

岡田以蔵は土佐藩の郷士（下士）の家に生まれた。豪放な気質で武芸を好み、一八五六年（安政三年）、江戸に出て桃井春蔵に入門した。帰国して六〇年（万延元年）、武市瑞山に従い、九州諸藩

を遊歴して剣を磨く。このころから瑞山を師と仰ぎ、瑞山が土佐勤王党を結成するとすかさず加入し、忠実な部下になった。

一八六二年（文久二年）、藩主山内豊範に従って上洛するが、尊皇攘夷・佐幕開港の論争が渦巻くなかで、佐幕派に対して天誅を加える行動に走る。ここで以蔵は〝人斬り新兵衛〟と呼ばれる薩摩の田中新兵衛と意気投合し、〝人斬り以蔵〟の異名をもつ名うての殺し屋として評判になる。

岡田以蔵

一八六二、三年（文久二、三年）は〝テロの季節〟といわれるほど暗殺事件が相次ぎ、京洛は震え上がった。六二年の八月二日、以蔵は、土佐藩の元観察井上佐一郎をつけ狙い、大坂で絞殺した。同二十日には新兵衛らと謀って越後の浪士、本間精一郎を京都・木屋町通りで殺害（五九ページ参照）、続いて宇郷重国の後をつけて、たたき斬った。

十月に入り、勅使の姉小路公知の江戸行きに選ばれて同行したが、思うところあって勝海舟の若党になり、付き人となる。ある夜、京都の町を歩いていて海舟が襲われそうになったとき、素早く剣を抜き、相手を斬り倒した。海舟がその剣の速さに舌を巻きながらも、「人を斬るは良士のなすべき所為にあらず」と窘《たしな》めたところ、以蔵は「あのままなら先生は殺されていた」と応えたという。

年が明けて一八六三年（文久三年）二月一日、以蔵は千種家の家臣、賀川肇を斬り殺し、その首を一橋慶喜の旅宿に、両腕を千種、岩倉両邸に投げ込んだ。さらに儒者池内大学（陶所）の変節に怒り、騙し討ちにして死体を大坂・難波橋上に晒した（本書六二ページ参照）。

五月二十一日、姉小路公知が暗殺され、容疑者として捕らえられた新兵衛が証拠の刀で自死してから、以蔵に公知暗殺の嫌疑がかかった。やむなく土井鉄三と変名して京摂に身を潜めたが、京都の町人といさかいを起こし、相手を斬り殺して逮捕された。

取り調べに対して「土佐藩の岡田以蔵」と本名を名乗り、土佐藩による処分を受けようとした。だが、照会された土佐藩は「そのような者は当藩にはいない」と答えたので、役人は、武士でも町人でもない〝無宿人以蔵〞として、入れ墨を施し洛外に追放した。

放たれた瞬間を待っていたのが土佐藩だった。このころ故郷土佐では執政の吉田東洋の暗殺犯人として土佐勤王党に嫌疑がかかり、瑞山が真っ先に逮捕された。続いて勤王党の連中が相次いで逮捕され、連日、取り調べが続いていた。

土佐藩は「脱藩浪士の人斬り以蔵」として逮捕し、厳しく追及した。だが以蔵は頑として口を割ろうとしない。拷問は日に日に激しくなり、耐えられなくなった以蔵はついに、東洋殺しは土佐勤王党の三人組によるもの、と白状した。これによって瑞山は切腹させられた。さらに以蔵は最初の犯行である井上佐一郎殺しも白状したので、処刑と決まった。

処刑は一八六五年（慶応元年）五月十一日におこなわれた。武士としての体面のひとかけらもない人足同然の扱いで、〝人斬り以蔵〞と恐れられた男の、哀れな最期だった。辞世は、

君がため尽す心は水の泡　消にし後は澄み渡る空

以蔵の墓は高知市浦戸町薊野の真宗寺山に立っている。この山一帯が墓地になっていて、山道を登っていくと「岡田宜振墓」と刻まれた墓が見える。以蔵は通称で、宜振は諱である。NHK大河ドラマ『龍馬伝』（二〇一〇年）で演じられた以蔵のイメージが鮮烈だったせいか、人気が高まり、若い女性たちの参拝者が目立つ、とのことだった。

武市瑞山　武士の面目、切腹を許す

武市《たけち》瑞山《ずいざん》（土佐勤王党、瑞山神社祭神）

武市瑞山の墓（高知県高知市仁井田の瑞山神社境内）

二十三士殉節墓（高知県田野町　福田寺）

瑞山神社と墓　高知市仁井田吹井の境内　高知市のはりまや橋バス停から土佐電鉄バス、瑞山橋下車、徒歩二十分
命日　一八六五年（慶応元年）閏五月十一日、三十七歳

一八六二年（文久二年）四月、土佐藩参政吉田東洋が暗殺されてから、土佐勤王党の動きはにわかに活発になった。同党領袖の武市瑞山（半平太）は、土佐藩の藩論を勤皇にまとめる好機とみて、攘夷の実行を迫る勅使三条実美らに接近して行動を起こした。

土佐藩の前藩主山内容堂は公武合体論者で、東洋を参政に登用しただけに、勤王党が東洋殺しの犯人と知って激怒した。たまたま勤王党の間崎哲馬、弘瀬健太が青蓮院宮（中川宮朝彦親王）にはたらきかけて土佐藩を勤皇に改革すべく令旨を引き出し、平井収二郎が攘夷期限の決定に動きだした。容堂は、これを藩主の意向を無視した勝手な行動ととらえ、同年六月、間崎ら三人を捕らえて牢獄内で切腹させた。

武市瑞山

そのころ京都にいた瑞山のもとに、国元へ戻るよう命令がきた。他藩の志士らは危ないとして必死に引き止めたが、瑞山は「ご隠居様（容堂）に理想を説く願ってもない機会」と応えた。

帰藩してしばらく何事もなかったが、九月下旬、容堂は

土佐勤王党の追及に乗り出し、瑞山をはじめ勤王党を相次いで捕らえた。牢獄の同志たちはすさまじい拷問に遭ったが、なぜか瑞山だけは取り調べもなく過ごした。しかし一年ほど過ぎて瑞山は、この弾圧が東洋暗殺に起因していることを知り、最悪の事態を予想した。

一八六五年（慶応元年）閏五月十一日夕、瑞山は、藩役人から呼び出された。すでに死を覚悟していた瑞山は「このこと、このこと」と言って身を浄めると、妻富子から送られた手縫いの晒し木綿を肌に着け、浅葱紋付きの帷子に絹帯を締め、裃に袴を着用、役人に引っ立てられて城下南会所の庭に出た。上意書が読み上げられた。

京都高貴の御方へ容易ならざる儀進め申上げ、将又《まさにまた》、御隠居様（山内容堂）へしばしば不届《ふとどき》の儀申上候事共、総て臣下の分を失し、上威を軽蔑し、国憲を紊乱《びんらん》し、言語道断、厳罰に処せられるべき筈の処、御慈悲を以て切腹被仰付之。

言語道断、厳罰に処すべきだが、慈悲によって武士の体面を保って切腹を許す、というものである。瑞山はそれを静かに聞き、「ありがたくお受け仕る」と答えた。

瑞山は立ち上がり、切腹の座についた。畳二枚が敷かれ、正面の白木の三方に短刀が置かれている。左右に控える介錯人二人はいずれも親戚筋の子弟である。瑞山は二人を見て「ご苦労」と声をかけ、会釈した。

瑞山は両肩を脱いで帯際に押し込むと、短刀に木綿切れを巻き「えい、えい、えい」と気合をかけて腹に突き刺し、ぐっと右へ引き、三度切った。古式にのっとった三文字割腹である。瑞山が短刀を置いたのを見て、左右の介錯人が脇腹を刺した。

介錯人が二人で、しかも首を斬らずに脇腹を刺す、というのが普通の切腹と違うところである。だが瑞山の姿勢はなかなか崩れず、介錯人の刃が何度も走ってついに絶命した。遺体はその夜、城下町田淵の武市家へ送り届けられた。

瑞山が切腹した土佐藩南会所跡の高知市帯屋町二には「武市瑞山殉節之地碑」が立っている。土佐電鉄バスに乗り、その名も瑞山橋で下車して二十分ほど歩いた高知市仁井田吹井に、瑞山を祭神とする瑞山神社がある。境内の一段小高い墓所に墓が鎮座している。正面に「武市半平太小楯」と刻まれている。半平太は通称、小楯は諱である。その左隣に夫人の「武市富の墓」がある。近くに立つ旧宅には訪れる人が後を絶たない。

高知県田野町芝の奈半利川に近い福田寺には、瑞山の助命を嘆願して藩主を怒らせ処刑された「二十三士殉節墓」が並んでいる。近年は龍馬に押されっぱなしだが、かつて瑞山人気はすべてを圧倒していたと土地の人が話していたが、それを裏付ける光景だった。

徳川家茂　長州再征の大坂城内で病没

徳川家茂《とくがわいえもち》（徳川幕府十四代将軍）

戒名　昭徳院殿光蓮社沢誉道雅大居士
増上寺　東京都港区芝公園四　地下鉄三田線御成門駅・芝公園駅、浅草線大門駅下車、それぞれ徒歩八分
命日　一八六六年（慶応二年）七月二十日、二十一歳

徳川家茂の墓（増上寺　東京都港区芝公園）

徳川幕府十四代将軍家茂が、長州征討で出陣した大坂城中で病没したのは一八六六年（慶応二年）七月二十日払暁。家茂は夜ごと意味不明のうわごとを口走り、臨終のときは断末魔の叫び声を上げたという。

家茂の最期を看取ったのは幕府典医松本良順である。松本は前夜遅く、将軍はもう助からないと判断し、大坂にいた幕府軍艦奉行の勝安房（勝海舟）に密かに知らせた。勝が慌ただしく登城した

とき、家茂はすでに絶命していた。勝が記した『鶏肋』（春陽堂、一八九七年）によると「城内寂として人無きが如く。奥に入れば諸官充満一言も発せず」の状態だった。老中板倉勝静、稲葉正邦は直ちに将軍継嗣について善後策を協議し、板倉が将軍後見職の一橋慶喜のもとへ急いだ。

家茂の死は徳川将軍十五代のうちただ一人の陣中死だが、幕府の動揺を物語るように、その死は八月二十日まで発表されなかった。

徳川家茂

家茂は一八四六年（弘化三年）、紀州藩主徳川斉順の長男に生まれ、翌年、紀州藩主を継いだ斉彊《なりかつ》（将軍徳川家斉の二十一男）の養子になり、わずか四歳で跡を継いだ。のちに名を慶福と改め、五七年（安政四年）、十二歳で将軍の座に就いた。日米修好通商条約の勅許をめぐって朝廷と幕府が対立するなか公武合体が叫ばれ、一八六二年（文久二年）、家茂は孝明天皇の異母妹和宮（仁孝天皇第八皇女）と結婚した。だが国内は激しく揺れ動いていた。

家茂が第二次長州征討のため江戸を出立したのは一八六五年（慶応元年）五月十六日。京都に着き、宮中に参内してのち、閏五月二十五日、大坂城に入ってここを征長本営とした。

家茂は長州藩に対して大坂城への登城を命じたが、相手は応じない。将軍家の威信にかかわるとみた家茂は九月二十一日、宮中へ赴き、長州再征の許しを得た。だが幕府内部から長州藩を追い詰めるよりも、寛大な措置を取って幕府の体面を保ちながら戦いを回避すべき、という慎重論が出た。何事にも誠実で責任感が強い家茂は、将軍職が務まらないとして辞職しようとした。

年が明けて一月二十一日、薩摩藩が幕府を見限り、坂本龍馬の斡旋で長州藩と手を握った。家茂はやむなく慎重派の意見を容れて長州藩主毛利敬親（慶親）父子の蟄居、十万石の削減という長州処分案を朝廷に奉上し、勅許を得た。だが長州藩は受け入れようとしない。ついに六月七日、征長軍と長州藩との間で第二次長州戦争が始まった。

家茂が体調を崩したのはこの時期である。内外の圧力に精神的に追い詰められ、胃腸障害を起こし、そのうえに脚腫に冒され、病床に臥した。家茂の病状を心配した和宮が、急いで漢方医の大膳亮章庵、多紀玄琰らを派遣したが、効果がなかった。

若い将軍の突然の陣中死は国内を驚かせた。征長の戦局が行き詰まっていただけに、毒殺説から果ては怨霊説の噂まで出た。大坂城は一六一五年（元和元年）の大坂夏の陣で豊臣秀頼や母淀が自害している。家茂の臨終の模様が異様だったことから、徳川に怨みを抱く淀の怨霊に呪い殺された、というのである。

家茂の柩は船で大坂から江戸・品川へ運ばれ、九月六日に江戸城に入り、盛大な葬儀がおこなわれた。

家茂の墓は東京都港区芝公園の増上寺の墓所にある。中世の笠塔型の大きな墓で、周囲に石灯籠が林立し、石段がついている。「昭徳院殿十四代家茂公」と標識が立っているので、すぐわかる。隣には将軍夫人和宮の墓が並んでいる（二三八ページ参照）。

孝明天皇　歴史を変えた毒殺？

諡号　孝明天皇《こうめいてんのう》

孝明天皇御陵　京都市東山区今熊野泉山町の後月輪東山陵　ＪＲ東海道本線京都駅前から市バスで泉湧寺道下車、徒歩十分

命日　一八六六年（慶応二年）十二月二十五日、三十六歳

孝明天皇御陵（京都市東山区今熊野泉山町の後月輪東山陵）

孝明天皇

一八六六年（慶応二年）十二月十一日、孝明天皇は宮中内侍所で催された臨時神楽の場に、風邪ぎみなのを押して臨席した。日頃から健康に恵まれていたので、これくらいのことで死に至るなど思ってもいなかっただろう。ところが十三日にひどい高熱を出し、二週間後に亡くなってしまうのである。

大納言中山忠能の『中山忠能日記』（日本史籍協会編、日本史籍協会、一九一六年。原題は『正心誠意』）から病状をたどると、その異様さが見えてくる。忠能の娘慶子は孝明天皇の第二皇子祐宮殿下（のちの明治天皇）を産んでいて、外戚に当たる。

十三日、徳川慶喜が征夷大将軍の宣下のお礼に参内したが、天皇は高熱で会うこともできず、夜も眠れずうなされ続けた。十四日、典医は、風邪ではなく、疱瘡（天然痘）か陰症疫（赤痢）として、それまでの診断を変えた。

十五日になると天皇の手に小さな発疹が出て、それが翌日も続いた。食事もほとんど摂らない。十七日は朝まで眠れず、吐き気が続いた。十六人の医師団は、これは疱瘡であり、発疹から水疱、膿疱の経過をたどって、日に日に回復するはず、と診断した。

十九日は少し食欲も出て、夜も眠れるようになり、側近たちを安堵させた。これを伝え聞いた慶喜は二十一日、老中板倉勝静らを従えて参内した。だが翌二十二日、天皇の具合が急に悪くなった。それでも二十四日には食欲が出てよく食べた。しかし夜になって高熱を発し、すべて吐いてしまった。この間、典医の手当てだけでなく、僧侶による病気平癒の加持祈禱が継続しておこなわれた。同夜五ツ時（午後八時）ごろ、奇怪な現象が起こった。西方から小茶碗くらいのものが御所の上空に飛来し、御所内の人々は不吉の前兆と言って恐ろしがった。

天皇が亡くなったのは翌二十五日夜。『中山忠能日記』には「御九穴より御脱血、実に以て恐れ入り候」と記され、さらに「此度の御痘全く実疱にあらせられず、悪瘡発生の毒を献じ候。その証は御容体大秘、御内の者も一切承らず」とある。その直後から毒殺説がまことしやかにささやかれだした。

天皇の死はしばらく内密にされ、四日後の二十九日に公表された。親王践祚の内定を急いでいただけでなく、死因への疑惑が拭いきれなかったのも原因とみていいだろう。

反幕派の公卿岩倉具視に対する嫌疑が強まった。岩倉は佐幕攘夷の天皇とことごとく衝突し、追放された人物で、岩倉はこの天皇がいるかぎり、維新は達成できないとみていたようだ。宮中に岩倉に近い人物がいたのも疑惑を招いた。薩摩、長州による毒殺説も出た。

そうしたなかで岩倉はあっという間に政権に返り咲き、素早く朝廷内の佐幕攘夷派を追い出し、周辺を急進派で固め維新へと動きだした。天皇暗殺の噂はうやむやになった。

孝明天皇ほど歴史の荒波に揉まれた天皇はほかにいるまい。一八五三年（嘉永六年）、マシュー・ペリーの来航によってわが国の鎖国体制は崩れ、それまで政治の外にいた朝廷は表舞台に飛び出した。以来、日米修好通商条約調印の勅許をめぐる朝幕のこじれ、公武合体を図る皇妹和宮と将軍家茂の婚儀、天皇の要請による攘夷決行日の決定、長州藩の外国船砲撃、禁門の変、将軍家茂の死、と難題が次々に降りかかり、そのなかで天皇は忽然と亡くなったのだった。天皇の死亡日が正しく改められるのは、それから二年後である。

孝明天皇の御陵は京都市東山区今熊野泉山町の後月輪東山陵にある。泉湧寺道から参道をたどっていくと、山肌に向かう数段の石段の先に、天皇家を表す菊の紋章がついた門が見える。そのなかが御陵なのだが、門から先は「立ち入り禁止」になっていて、近づくことはできない。御陵は時代の流れをのみ込んで、音もなく静まり返っていた。

高杉晋作　「吉田」の一言残して

高杉晋作《たかすぎしんさく》（長州藩士）

高杉晋作の墓（山口県下関市丸山町　東行庵近く）

高杉晋作の墓（山口県萩市の団子岩）

戒名　全義院東行暢夫居士
日和山公園そばの東行庵近くに「東行墓」　山口県下関市丸山町五　ＪＲ山陽本線下関駅前からバス、西細江下車、徒歩五分
遺髪墓　山口県萩市椿東椎原、団子岩墓所　ＪＲ山陰本線東萩駅下車、循環バスで松陰生誕地前下車、徒歩二分
命日　一八六七年（慶応三年）四月十四日、二十九歳

長州（萩）藩士の高杉晋作が藩命によって、長崎から幕府使節船で上海へ渡ったのは一八六二年（文久二年）。そこで欧米列強によって半植民地化した清国（中国）を見て、次は日本との危機感を抱く。帰国した晋作は異国敵対思想を強め、藩論を攘夷に転換させようとしたが成らず、藩を抜け出て江戸に赴き、品川・御殿山のイギリス公使館を焼き打ちした。

翌一八六三年（文久三年）、長州藩の攘夷決行に伴う外国船攻撃を機に、身分や格式にとらわれない有志による奇兵隊を組織してその総監になった。二度、野山獄に留置されながらも、六四年（元治元年）、アメリカなど四カ国連合艦隊が下関を襲撃したため、またも藩に起用された。

幕府の第一次長州征討が始まり、晋作は抗戦を主張したが容れられず、一時脱藩。だがすぐ帰藩して奇兵隊などに決起をうながした。そのかたわら藩論を倒幕にまとめ、一八六六年（慶応二年）、桂小五郎（木戸孝允）らによって薩長同盟が結ばれた。

第二次長州戦争では下関海陸軍参謀として戦陣に立ったが、いつしか肺結核にむしばまれ、八月

高杉晋作

一日、炎上する九州の小倉城を見ながら喀血した。それでもなお病床で戦闘の指揮を執ったが、間もなく辞した。

一八六七年（慶応三年）初め、晋作は下関新地の林算九郎宅の離れに移った。詩歌に優れ、東行の号をもつ晋作は、病床で和歌や漢詩を詠んだ。

最後となったのは病床を訪れた女流歌人の野村望東尼と作った連歌である。

面白きこともなき世を面白く（晋作）
すみなすものは心なりけり（望東尼）

作り上げてから晋作は「ほほう、面白いなあ」と言ったという。

このころになると晋作は、頼まれても揮毫する力もなくなり、終日、病床に臥せていた。看病にあたっていたのは妾うのである。

うのは下関裏町の芸者で、二人は一八六四年（元治元年）初夏ごろから、南部町の家を借りて住みついた。だが萩にいる妻の雅子に知れ、雅子は長男梅之進を連れて下関に赴いた。晋作は困り果て、回船問屋の白石正一郎に頼んで、雅子らを引き取らせた。

晋作は最後の力を振り絞って長崎へ出るが、下関に戻りまたも倒れた。雅子は今度こそ二人を引き離そうと再び赴いた。うのは西之端の問屋宅へ身を引いた。

それから二十日後の四月十四日未明、晋作は妻の雅子に看取られながら、「吉田」の一言を残して崩れるように逝った。

葬儀は白石の指示で、神式によっておこなわれた。遺体は臨終の床で発した謎の言葉に従い、吉田村清水山に埋葬された。葬列には別れを惜しむ人々が千人あまりも連なった。

妻の雅子は維新後、谷家を継いだ長男梅之進改め東一とともに東京・麻布に移り住んだ。高杉姓に改めたのは一八八七（明治二十年）。うのは仏門に入って梅処尼となり、清水山の晋作の墓のそばに立つ東行庵で晩年を送った。

下関市竹崎町の白石正一郎邸跡を見てから日和山へ登った。一帯が日和山公園になっていて、下関港が一望できる。刀を左手で握り締め、港を睨んで立つ晋作像が凛々しい。東行庵はその近くにあり、敷地内の東行記念館には、晋作の遺品や奇兵隊の史料などが保存されている。

晋作の墓はそのすぐそばに立っていた。三段重ねの石台の上の竿石に「東行墓」と刻まれている。いまも供花が絶えないそうで、この日も墓前に菊花が供えられていた。

晋作の墓はもう一つ、故郷の山口県萩市の団子岩の吉田松陰の墓所そばにある。「東行暢夫之墓」と刻まれていて、遺髪とへその緒を埋めた墓だと聞かされた。晋作は通称、東行は雅号、暢夫は字名《あざな》。ちなみに諱は春風である。

坂本龍馬／中岡慎太郎　維新の夜明け、待たずに

坂本龍馬《さかもとりょうま》／中岡慎太郎《なかおかしんたろう》（土佐海援隊長、陸援隊長）

坂本龍馬・中岡慎太郎の墓　京都霊山護国神社境内墓地　そばに藤吉の墓も。京都市東山区清閑寺霊山町　ＪＲ東海道線京都駅前から市バス、東山安井下車、徒歩十二分

命日　一八六七年（慶応三年）十一月十五日、三十三歳（坂本）／同年十一月十七日、三十歳（中岡）

坂本龍馬（左側）と中岡慎太郎の墓（京都霊山護国神社　京都市東山区清閑寺霊山町）

一八六七年（慶応三年）十一月十五日五ツ半（午後九時）すぎ、京都の河原町通蛸薬師下ルの醤

油屋近江屋新助の店先に覆面の武士がやってきて、下男の藤吉に「十津川の郷士だが、坂本先生にお会いしたい」と言って手札（名刺）を手渡した。

土佐海援隊長の坂本龍馬は、二階奥八畳間の床の間を背にして座っていた。風邪を引き、寒気がすると言って、真綿の胴着に絹の綿入れを重ね着し、羽二重の紋付きをはおっている。土佐陸援隊長の中岡慎太郎が来ていて、この日は龍馬の誕生日だったので、「シャモ鍋でも食おう」ということになり、使いの峰吉少年が肉を買いに出かけた直後だった。

藤吉が梯子段を登りだすのを見て、表の戸陰に隠れていた三人が密かに後を追った。龍馬と慎太郎が手札を行燈にかざして読みだしたとき、戻る藤吉が刺客に斬られ、すさまじい音を立てて倒れた。龍馬が「ほたへな（騒ぐな）」と声をかけた。

三人の刺客は奥の八畳間の襖を開けて躍り込み、慎太郎に「こなくそ」と叫んで斬り付けた。慎太郎は刀を手にできず、腰の短刀を鞘ごと振り回して応戦したが、頭と足を斬られて昏倒し、全身をずたずたに斬られた。

坂本龍馬

中岡慎太郎

龍馬は床の間の刀を取ろうとして、前額部と肩先などを斬られた。龍馬は鞘のまま太刀を受け、鞘と太刀がぶつかって低い天井を突き破った。刺客の刀が龍馬の前額を鉢巻きのように撫で斬った。脳漿が飛び散った。三人の刺客は、倒れた二人になおも一太刀ずつ浴びせ、「もうよい、もうよい」と言って梯子段を下りていった。

龍馬はふらふらになって立ち上がり、「新助、医者を呼べ」と叫び、慎太郎に「刀はないか」と言って倒れた。慎太郎は這いずって隣家の物干し台まで出て動けなくなった。

龍馬はすぐに絶命し、藤吉も翌十六日に息を引き取った。慎太郎だけは奇跡的に持ちこたえ、駆けつけた土佐藩士谷守部（干城）らに遭難の模様を語った。しかし、十七日夕、没。

龍馬、慎太郎、藤吉の三つの柩は、十八日八ツ時（午後二時）、陸援隊、海援隊や在京諸藩の同志たちに護られて近江屋を出発し、東山の麓、霊山墓地へ運ばれた。

近江屋の土間に脱ぎ捨てられた下駄と、刺客の「こなくそ」という四国弁から、新撰組の仕業と見られた。だがのちに、榎本釜次郎（武揚）に従い蝦夷地へ赴き、箱館戦争を戦って敗れた幕府見廻組今井信郎の供述から、同組頭の佐々木只三郎ら七人の犯行と判明した。今井によると、佐々木が案内を請い、桂隼之助、渡辺吉太郎、高橋安次郎が二階へ上がり、土肥仲蔵、桜井大三郎が外の見張りに立ち、今井が抜刀して家人を抑えたという。だが今井の自白は信用できない部分があり、この暗殺は歴史の謎に包まれてしまった。

龍馬は土佐藩船夕顔丸で兵庫へ向かう途中、後藤象二郎に対して大政奉還の素案となる「船中八策」を提唱、それがもとになり土佐藩前藩主山内容堂によって建白書が幕府に提出された。将軍慶喜がこれを受けて大政奉還に踏み切ったのが一八六七年（慶応三年）十月十三日。それからわずか一カ月後、維新の夜明けを見ないままの悲憤の死だった。

近江屋跡には「坂本龍馬　中岡慎太郎遭難之地」と刻まれた碑があるだけ。京都霊山護国神社の墓所には、龍馬と慎太郎の墓が並んでいる。その脇に藤吉の墓がある。

鳥居が立つ墓には「坂本龍馬紀直柔之墓」「中岡慎太郎道正之墓」と刻まれている。龍馬の直柔は諱であり、中央の「紀」は順序だてて記すことを意味する。慎太郎の道正も諱。文字は桂小五郎（木戸孝允）が書いた。

墓のそばに、二人の像が京都の町を見下ろすように立っている。墓前にはこの日も大勢の参拝者が詰めかけていて、その人気のすごさにただただ驚くばかりだった。

伊東甲子太郎　騙し討たれて囮にされて

伊東甲子太郎《いとうきねたろう》（高台寺党首領）
泉湧寺塔中戒光寺　京都市東山区泉湧寺山内　JR東海道線京都駅前から市バス、東山安井下車、徒歩八分
命日　一八六七年（慶応三年）十一月十八日、三十三歳

伊東甲子太郎の墓（泉湧寺塔中戒光寺　京都市東山区泉湧寺山内）

伊東甲子太郎

一八六七年（慶応三年）十一月十八日、元新撰組参謀で高台寺党首領の伊東甲子太郎は、新撰組局長近藤勇に招かれて、京都七条醒ケ井通の近藤の妾宅を訪ねた。近藤や土方歳三らに勧められて盃を重ね、持ち前の攘夷論を披瀝して心地よく酔いしれた。

夜四ツ時（午後十時）すぎ、甲子太郎は提灯を手に帰途についた。木津屋橋を東へ進むと油小路に続く。このあたりは〝禁門の変〟の兵火で焼かれ、街角が板で囲われていた。

突然、板囲いの陰から、甲子太郎をめがけて槍が飛び出し、肩から喉を貫いた。「しまったっ」と甲子太郎が叫ぶと同時に、槍を手にした大石鍬次郎に続いて、宮川信吾、横倉甚五郎らが躍りかかってきた。ついいましがたまで一緒に飲んでいた連中である。

甲子太郎は深手を負いながらも太刀を抜き、相手の一人を斬り伏せた。だが数人が一度に斬り込んできた。よろめきながら刃を避けて本光寺門前まで来たが、動けなくなり、「南無妙法蓮華経」と刻まれた石柱にもたれかかると、「おのれ、奸賊めっ」と呻いて腹を斬り、崩れ落ちて息絶えた。そこへ大石らが近づき、なおも斬り付けた。

近藤は、甲子太郎の死骸を一丁ほど離れた油小路七条の四ツ辻まで運んで放置させ、町役人に事件を知らせた。急を聞いて甲子太郎の弟の鈴木三樹三郎はじめ高台寺党の七人が駆けつけ、月光に照らされた死骸を運ぼうと駕籠に乗せた。そこへ隠れていた新撰組の永倉新八、原田左之助ら四十人あまりがどっと斬りかかった。

不意をつかれた高台寺党は刀を抜いて応戦したが、藤堂平助と毛内有之助は斬られて死に、服部武雄も原田の槍に胸を刺されて斃れた。三樹三郎ら四人は負傷しながらも包囲網を抜け出し、薩摩藩邸に逃げ込んだ。四つの遺体は三日間、晒されたうえ、光縁寺に埋葬された。〝油小路の変〟と呼ばれる新撰組の凄惨な内部抗争である。

甲子太郎は一八六四年（元治元年）、一派を率いて新撰組に加盟し、参謀になったが、勤皇の志士と交わって倒幕の意志を固め、近藤に離脱を申し入れた。だが新撰組には「局を脱するを許さず」という掟があり、承知しない。そこで甲子太郎は泉湧寺塔中戒光寺の湛然に、前年暮れに亡くなった孝明天皇の御稜衛士を務めたいと頼んで許可されると、同志十四人を引き連れて新撰組を離脱、高台寺月真院に「禁裡御稜衛士屯所」の看板を掲げた。高台寺党と呼ばれるゆえんである。

厳しい法度をあざ笑うかのような大量離脱に憤慨した近藤はスパイを送り込み、甲子太郎が尊攘運動を強めるなかで新撰組を壊滅させようとしていると思い、凶行に及んだのだった。

高台寺党の残党は以後、執拗に近藤をつけ狙う。下総の流山で、政府軍本陣に大久保大和と名乗って出頭した近藤を見破り、断頭台へ送ったのは一派の加納道之助である。

甲子太郎の暗殺の舞台となった油小路の本行寺前通りは、人通りも少なく静かなたたずまいを見せていた。甲子太郎がもたれて死んだ石柱は境内に移され、その跡に「伊東甲子太郎外数名殉難之跡」の碑が見える。

甲子太郎の墓は、御陵衛士として認められた泉湧寺塔中戒光寺の墓所にある。光縁寺の過去帳に甲子太郎ら四人の名前があり、翌年三月に改葬されたことがわかる。泉湧寺道下でバスを降り、山道を行くと、戒光寺の墓所の一隅に、油小路の変で斃れた同志らの墓と並んで立っている。正面中央に「誠齋伊東甲子太郎藤原武明　年三十三」、右に「常州志筑之人慶応三第十一月十八日於油小路戦死　贈従五位」と刻まれている。藤原武明は変名、武明は諱である。甲子太郎の墓の左右に油小路の変で死んだ毛内、藤堂、服部の墓がある。

第５章　戊辰戦争の陰で

滝　善三郎　外国人が見た初のハラキリ

滝《たき》善三郎《ぜんざぶろう》（備前〔岡山〕藩士）

滝善三郎の墓（能福寺　神戸市兵庫区）

滝善三郎の墓（春浦院の大光院　京都市右京区）

戒名　誠岩良居士（岡山市平井山墓地のもの）／滝泉院善誉正信尽忠居士（神戸市能福寺のもの）

平井山墓地　岡山市桜橋四から同市平井にまたがる。ＪＲ山陽本線岡山駅前からバス、網浜下下車、徒歩五分
能福寺　神戸市兵庫区北逆瀬川町　ＪＲ山陽本線兵庫駅下車、徒歩十五分
春浦院の大光院　京都市右京区花園坤南町　ＪＲ山陽本線花園駅下車、徒歩十分
命日　一八六八年（慶応四年）二月九日、三十二歳

一八六八年（慶応四年）一月十一日、朝命によって備前（岡山）藩兵二千が西宮守備に就くため西国街道の神戸・三宮神社付近に差しかかったとき、二人のフランス兵が隊列を横切ろうとした。藩兵が槍で制したところ、一人がピストルで威嚇したので、槍で突いた。逃げるフランス兵を鉄砲隊が射撃した。

近くで訓練中のイギリス軍隊が加わって銃撃戦になり、外国人側に負傷者が出た。備前藩兵は馬で駆けつけたイギリス公使パークスにも発砲した。領事館警備のイギリス兵をはじめ、停泊中のフランス、アメリカ艦船からも将兵が出動し、大騒ぎになった。

翌十二日、神戸に領事館をもつイタリア、プロシア（ドイツ）、オランダなど六カ国が、神戸港内にいた諸藩の艦船をすべて抑留し、緊迫した空気に包まれた。新政府はこれ以上外国との紛争を長引かせてはならないと考え、即刻、事件の解決にあたると約束し収拾させた。

二月二日、新政府は備前藩に対して、隊を率いた家老日置帯刀を謹慎させ、責任者を処罰するよう伝えた。備前藩は日置の家来である滝善三郎が発砲命令を下したとして、切腹を命じた。

二月九日深夜四ツ半（午後十一時）、永福寺の内陣に新しい畳とその上に赤い毛氈が敷かれた。左側に日本検使七人、右側にイギリス、アメリカ、フランスなど六カ国の外国検使七人が並んだ。麻裃の礼服をまとった善三郎が介錯人らとともに内陣に入り、日本検使と外国検使にそれぞれお辞儀をした後、仏壇を背にして切腹の座についた。役人が三方に載せて差し出した脇差しを、善三郎は両手で押しいただき、前に置いてから「拙者、無分別にも外国人に発砲の命令を下し、この罪を負いて切腹致す」と述べた。

一礼して上衣を帯元まで脱ぎ下げ、両袖を膝の下に敷き入れ、脇差しを手にしばらく眺めてから左の腹に深く刺し、静かに右に引き、また戻して少し切り上げた。血がたちまちあふれた。善三郎は表情を歪めて脇差しを抜き、首を前に差し延べた。左手にうずくまっていた介錯人が立ち上がり、太刀を振るった瞬間、首は飛び、体が前にのめって倒れた。

滝 善三郎

以上は、外国人検使の一人として同席したイギリス外交官アルジャーノン・ミットフォードの著書『昔の日本の物語』（一八七一年）による。イギリスの新聞「ザ・イラストレイテッド・ロンドン・ニュース」は驚きを込め、銅板画を添えて報道した。「神戸事件」と呼ばれるもので、外国人が見た初めてのハラキリである。

この銅板画の模写が、永福寺にほど近い兵庫県神戸市兵庫区北逆瀬川町の能福寺山門そばに掲げられている。永福寺が一九四五年（昭和二十年）三月の太平洋戦争の大空襲で焼けて廃寺になり、境内にあった慰霊碑を能福寺に移したことによる。

善三郎の割腹後、実際の発砲者である同藩士の土岐一郎が自殺した。

善三郎の首と胴体は縫合されて西宮へ送られ、実兄源六郎が荼毘に付して、遺骨を故郷へ持ち帰り、門田笹山に埋葬した。墓の正面に「誠岩良居士」と戒名が刻まれている。門田笹山は現在は平井山墓地と呼ばれ、岡山市桜橋四から平井にかけた広い地域である。

墓はほかに、京都市右京区花園坤南町の春浦院の大光院墓地に分骨されて立っている。能福寺のものは、前述のように永福寺から移した碑である。能福寺の過去帳には戒名が滝泉院善誉正信尽忠居士と記されている。善誉は、栄誉ある死をまっとうした善三郎、を意味する。正信は諱である。

箕浦猪之吉ほか　相次ぐ割腹にフランス士官悲鳴

箕浦猪之吉《みのうらいのきち》（土佐藩士）
戒名　文義院忠深元章居士
宝珠院に「土佐十一烈士墓」　大阪府堺市宿屋町東三
妙国寺（切腹した寺）「土佐藩十一烈士之英霊」「仏国遭難将兵慰霊碑」　大阪府堺市

土佐十一烈士墓（宝珠院　大阪府堺市宿屋町）

材木町東四（宝珠院向かい）いずれも阪堺電軌阪堺線妙国寺前下車、徒歩五分
命日　一八六八年（慶応四年）二月二十三日、二十五歳

「土佐藩十一烈士之英霊」碑と「仏国遭難将兵慰霊碑」（妙国寺　大阪府堺市材木町）

一八六八年（慶応四年）二月十五日夕、新政府の命令で土佐藩藩兵が泉州堺を警備中、沖合に停泊していたフランス軍艦デュプレー号の水兵らが、端艇に乗って堺港に上陸した。堺は外国人の通行を許しておらず、同藩の六番隊長箕浦猪之吉は八番隊長の西村左平次とともに士卒を率いて急行し、退去を命じた。だが言葉が通じず相手は応じない。

猪之吉は士卒にフランス兵を引っ立てるよう命じた。驚いたフランス兵は逃げだしたが、そのうちの一人が塀に立て掛けてあった土佐藩旗を奪って駆けた。隊付きの者が追いかけて、鳶口でその兵を倒し、旗を取り戻した。

端艇に逃げ戻ったフランス兵が短銃を発射してきた。猪之吉は射撃を命じた。弾丸は端艇のフランス兵を撃ち抜き、海中に落ちた者も含めて十一人が死ぬ事態になった。

またも外交上の問題になり、フランス公使レオン・ロッシュは新政府に対して損害賠償と加害者の断罪を要求した。

箕浦猪之吉

「神戸事件」の処理から何日もたっていないだけに新政府は狼狽し、猪之吉以下土佐藩士二十人をフランス士官の目の前で切腹させ、賠償金十五万ドルを支払うことで合意にこぎつけた。

だが処刑をめぐって外国側は断罪を求めたのに対して、日本側は武士道にのっとった切腹を主張して対立し、フランス側の検使が変更になる一幕もあった。

二月二十三日、土佐藩士二十人は死装束をまとい、雨が降りしきるなか堺の妙国寺に入った。境内に切腹の場が設けられ、日本検使とフランス海軍士官の検使が並んで座った。雨はいつまでもやまず、やむなく切腹を開始したのは七ツ時（午後四時）、すでに夕闇が迫っていた。

最初にその座についた箕浦猪之吉は、険しい表情で一座を見渡してから、脇差しを抜くなり腹にぶすりと突き立て、そのまま横に引き裂き、なおも脇差しを上に引いて十文字腹を斬った。フランス士官の間から小さなどよめきが起こった。

猪之吉は激痛に顔を歪めながら流れ出る傷口に手を突っ込み、臓《はらわた》をつかみ出し、フランス士官席へ投げつけた瞬間、介錯人の刀が走り、首が音を立てて転がった。今度はすさまじい悲鳴が起こった。

続いて西村佐平次が腹を斬った。その後、三、四、五人と進んで十一人を数えた。日が暮れて闇があたりを覆い尽くした。血が飛び散って凄惨な匂いが充満し、あまりの残忍さにフランス士官のなかには顔を覆ったり、嘔吐する者まで出た。

耐えきれなくなったフランス軍艦デュプレー号艦長が母国語で「中止！」と叫んだ。切腹はこの十一人で中断となった。偶然だが、フランス兵の死者と同数だった。

死を覚悟していた二十人のうち、残る九人はそのまま釈放になり、藩に戻った。

大阪府堺市内を巡ると、宿屋町東三の宝珠院の前に「とさのさむらいはらきりのば」と刻まれた石柱が立っている。寺の裏手に回ると、「土佐十一烈士墓」と書かれた標識のそばに二列に並んだ墓があり、正面に箕浦猪之吉はじめ切腹して果てた人の名が刻まれている。

この墓所の向かいの材木町東四が妙国寺で、十一人が切腹した寺である。境内に「南無妙法蓮華経」と記された碑を真ん中に、左に「土佐藩十一烈士之英霊」、右に「仏国遭難将兵慰霊碑」が立っている。

同寺の宝物殿に入ると、切腹前日に書いた猪之吉らの辞世をまとめた一幅があり、陳列ケースには三方に載せられた二十人の〝遺髪〟が安置されていて、思わずたじろぐ。

相楽総三　偽官軍の汚名を着せられ

相楽《さがら》総三《そうぞう》（赤報隊一番隊長）

魁塚（長野県諏訪郡下諏訪町魁町）

相楽総三の墓（青山霊園立山地区　東京都港区青山）

戒名　天忠院教誉道順居士

魁塚　長野県諏訪郡下諏訪町魁町の刑場跡　ＪＲ中央本線下諏訪駅下車、徒歩六分

専修寺　東京都品川区西五反田六　ＪＲ山手線五反田駅下車、徒歩十分

青山霊園　東京都港区青山二の青山霊園立山地区

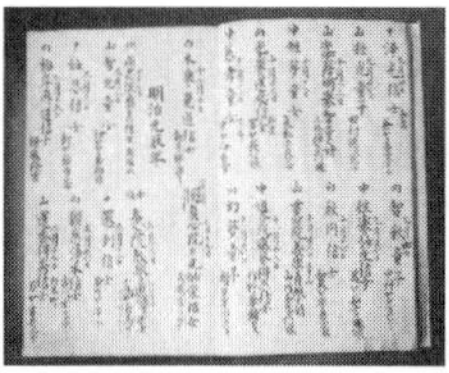

相楽総三の過去帳。明治元辰年一行目下段に見える（専修寺　東京都品川区西五反田）

地下鉄銀座線外苑駅下車、徒歩八分
命日　一八六八年（慶応四年）三月三日、三十歳

一八六八年（慶応四年）三月一日、官軍の東山先鋒嚮導として、信濃国下諏訪の和田峠入り口まで進軍してきた赤報隊一番隊長相楽総三に、同じ官軍土佐藩参謀乾（板垣）退助から、軍議を開くので総督府本部まで出頭するように、と伝えてきた。

相楽は幹部七人とともに本部へ赴くと、相手はやにわに全員を縛り上げ、「勝手に進退致し、あまつさえ諸藩に応援に及び」との罪状を読み上げた。相楽らは氷雨の降りしきる諏訪大社下社の参道の並木道につながれ、食事も与えられず、二日間放置された。

三日夕、土佐藩士らがやってきて、何の取り調べもないままに相楽らを下諏訪の磔田という刑場へ引っ立て、八人全員を打ち首にした。最期の模様は伝えられていない。

相楽総三

埋もれていた相楽の名を世に出したのは長谷川伸『相楽総三とその同志』（新小説社、一九四三年）である。もとよりフィクションだが、臨場感にあふれた文面である。

死の座についた相楽は、皇居を遥拝し、首斬り役に「しっかりやれ」と声をかけた。首斬り役は気を鎮めて一声のもとに刀を振り下ろしたが、仕損じて右肩先へ斬り込んだ。相楽が振り返り、「代われ」と怒鳴った。襟のあたりから

血が滲み出した。新しい首斬り役が来た。今度は見事に仕留め相楽の首が三尺（約一メートル）ばかり飛び、雨がたたきつける地面へ音を立てて落ち、泥を四方にはね上げた。

相楽総三は変名で、本名は小島四郎左衛門将満という。下総国相馬郡新田村の郷士の子に生まれ、尊皇攘夷の志士として一八六四年（元治元年）、水戸天狗党の筑波山挙兵に加わった。六七年（慶応三年）、薩摩藩の西郷吉之助（隆盛）の密命で江戸に入り、芝三田の薩摩藩邸で浪士隊を組織し、江戸の町に火を放つなどして攪乱した。

一八六八年（慶応四年）正月、京都で西郷と会って官軍先鋒隊を命じられ、赤報隊を編成して一番隊長となった。相楽総三の変名を用いだしたのはこのときからである。

相楽は官軍を表す錦旗が間に合わなかったので、西郷との約束で、自分が建白して採用された維新政府の年貢半減令の念書をもらい、総督軍の先発隊として中山道を進んだ。途中、義勇隊を募集しながら前進したが、通過した集落や宿場で略奪が起こり、赤報隊の仕業と噂された。総督府から赤報隊に対して、京都引き揚げの命令が届き、二番・三番隊は応じたが、相楽の一番隊だけは拒絶し、先を急いだ。

京都の岩倉具視は、官軍の統制を乱すものと断定、お触れを撤回して相楽らを始末せよと命じ、「偽官軍」の汚名をかぶせ、有無を言わさず処刑したのだった。

相楽らが葬られた「魁塚」は長野県諏訪郡下諏訪町魁町の刑場跡にある。黒々とした大きな石碑で、上段に相楽総三、下段に七人の名が刻まれている。魁は維新の先駆けを意味する。

相楽の遺骨は、小島家の菩提寺の東京都品川区西五反田の専修寺にあると聞いて訪れたが、存在しなかった。同寺は以前、赤坂にあり、一九一〇年代（明治四十年代）に現在地に移転した際、古い遺骨を合葬したという。墓だけはあるが、遺骨は三十年ほど前に相楽家ゆかりの方が、ほかへ移したという話だった。

過去帳を拝見すると、戒名の後に「小島兵馬の子」、その下に小さく「偽名相楽惣《（ママ）》三」と記されている。妻テル子は、戒名のほかは「兵馬娘」とあるだけ。しかも驚いたことに、妻が相楽の百カ日法要後に自害しているのを知った。二十五歳だった。偽官軍の汚名を着せられた夫の無念さ、その後を追わなければならなかった妻の心情を偲ばずにはいられなかった。

その後の調査で、相楽の墓は東京都港区青山の青山霊園立山地区にもあった。夫妻一緒の墓だが、正面はやはり戒名が並んでいるだけ。相楽にまつわる資料はここにはなかった。

川路聖謨　わが国初のピストル自殺

川路聖謨《かわじとしあきら》（元外国奉行）
戒名　誠烙院殿嘉訓明弼大居士
大正寺　東京都台東区池之端二　地下鉄千代田線根津駅下車、徒歩八分
命日　一八六八年（慶応四年）三月十五日、六十八歳

川路聖謨の墓（大正寺　東京都台東区池之端）

一八六八年（慶応四年）春、鳥羽・伏見の戦いで勝利した薩長軍が勅命を奉じて攻めてくるというので、江戸の町は騒然となった。江戸六番町の自宅で中風のため臥せていた元幕府外国奉行川路聖謨は、薩長が官軍で徳川が賊軍であるのに腹を立て、「戦いになったら、鎧を着せて城へ担ぎ込め。敵弾に当たって死のう」と家人に言った。

二月一日、聖謨は日記に辞世を記した。

天津神に背くもよかり蕨《わらび》つみ　飢えにし人の昔思へば
徳川家譜代陪臣頑民斎　川路聖謨

三月十一日、聖謨は次の和歌二首と漢詩二詩を書いた。これを辞世とする識者もいる。

述懐、生替り死かはりて幾度も　身を致さむ君の御為に
二荒山神もあはれとみそはなせ　露の此身のつくす真こころ
平臥病状既四年　中風衰日叟潜然　君恩山岳毫難報　徒致茲身帰九天　嗟嘆廟謨無可奈　朝昏
泣血七十翁　児孫為国以身殉　不慙汗青尽寸忠
由也結綏死　参乎易簀終　可知常志道　何日不成功

川路聖謨

三月十四日、知人がやってきて、「江戸城はきょう、ついに新政府方に引き渡された」と伝えた。病床でこの話を聞いて聖謨の覚悟は決まった。だが実際にはまだ江戸城開城をめぐって東征軍大総督府参謀西郷隆盛と旧幕府陸軍奉行勝海舟が会談を始めたばかりで、無血開城になるのは一カ月先のことである。しかし聖謨にすれば、幕府が薩長に屈伏して崩れていくのを、黙って見ているわけにはいかな

かった。

三月十五日昼前、聖謨は、妻さとに起こされて厠へ行き、洗顔してもらってから「白湯をくれないか」と言った。さとはうなずき、両眼に涙を浮かべて病間を出て、台所へ行った。老妻は夫がすでに死を覚悟しているのを察知していたのである。

聖謨は、妻が部屋を出ていくのを見届けてから、不自由な身で隠し持っていた拳銃を取り出し、喉に当てて引き金を引いた。発射音とともに聖謨は床に倒れた。妻が驚いて駆けつけたときは、すでに絶命していた。

別説では妻を使いに出して一人になってから、自殺したともいわれる。

遺体を調べたところ、腹部に短刀でつけた浅い傷が残っていたことから、初めに切腹の作法をとった後、拳銃を用いたものと判断された。幕府に律儀に忠誠を貫き、殉死したことを示している。わが国初のピストル自殺である。

聖謨は有能な幕臣で、幕府勘定奉行を務め、一八五三年（嘉永六年）、ロシア使節のエフィム・プチャーチンが長崎を訪れたとき、幕府代表として交渉に当たり、翌五四年（安政元年）十二月、日露和親条約を締結した。プチャーチンに随行したイワン・ゴンチャロフの『日本旅行記』（平岡雅英訳、ロシア問題研究所、一九三〇年）によると「川路は非常に聡明で、私たちを反駁する巧妙な論法をもって、その知力を示したが、それでもこの人を尊敬しないわけにはいかなかった」と、その外交交渉の巧みさと人間性について述べている。

だが聖謨は将軍継嗣問題で大老井伊直弼にうとまれ、隠居を命じられた。のちに外国奉行に起用されたが、病のため五カ月で辞任した。中風で倒れて半身不随になってからは、悶々とするうち江戸城明け渡しを聞き、幕府と運命をともにしたのだった。

川路の墓は、東京都台東区池之端の大正寺にある。台座に家紋が入った黒ずんだ墓で、墓石の正面右側に川路の戒名の「誠恪院殿嘉訓明弼大居士」が、左側に妻の戒名の「誠意院殿松操日修大姉」が並んで刻まれていて、その最期を偲ばせる。

近藤 勇　変名見破られ、斬首に

近藤《こんどう》 勇《いさみ》（新撰組局長）

戒名　心勝院大勇儀賢居士（龍源寺）／勇生院頭光放運居士（円通寺）／貫天院殿純

近藤勇の墓（龍源寺　東京都三鷹市大沢）

近藤勇の辞世を刻んだ碑（龍源寺　東京都三鷹市大沢）

義誠忠大居士（のちに会津藩主から贈られたもの）
龍源寺　東京都三鷹市大沢六　ＪＲ中央線三鷹駅からバス、龍源寺前下車、徒歩二分
壬生寺　京都市中京区壬生梛の宮町　遺髪塔　ＪＲ東海道線京都駅から市バス、四条大宮下車、徒歩十分
供養墓碑　東京都北区滝野川七　ＪＲ埼京線板橋駅前
円通寺　東京都荒川区南千住六　ＪＲ常磐線南千住駅下車、徒歩十分
法蔵寺　愛知県岡崎市本宿寺山　首塚　名鉄名古屋本線本宿駅下車、徒歩八分
天寧寺　福島県会津若松市東山町の愛宕山中腹　ＪＲ磐越西線会津若松駅からバス、奴郎ケ前下車、徒歩十五分
命日　一八六八年（慶応四年）四月二十五日、三十五歳

近藤勇の墓（円通寺　東京都荒川区南千住）

近藤と土方の供養墓碑（東京都北区滝野川）

一八六八年（慶応四年）一月、鳥羽・伏見の戦いが起こった。前年暮れに京都の伏見街道で高台寺党の残党に狙撃された傷がやっと治り、江戸へ戻った新撰組局長の近藤勇は、残った隊士四十四人で甲陽鎮撫隊を組織し、甲府へ向けて進撃した。勇は大久保大和、土方歳三は内藤隼人と名を変えていた。

だが、甲府城はすでに新政府軍の東山道先鋒隊に奪われていた。勝沼宿の白山平の戦いにも敗れて逃れる途中、新しい兵士が集まってきて二百三十人にも膨れ上がったので、四月三日、下総流山に入るなり、兵を二里（約八キロ）ほど離れた山野に移して訓練した。

その最中に、新政府軍が攻めてきた。勇は流山の政府軍本陣へ出頭し、大久保大和で押し通そうとした。だが高台寺党の残党の一人で、伏見街道で勇を狙撃した加納道之助が薩摩藩に紛れ込んでいて、あっさり見破られてしまう。

近藤 勇

勇は囚人駕籠に乗せられて板橋総督府へ送られ、「斬首の上梟首」を言い渡された。四月二十五日、江戸板橋宿はずれの一里塚に引き出された勇は、無残に首を討たれた。

勇の首は一里塚に晒された。立て札にはこう書かれていた。

右の者浮浪の者にて、初め在京新撰組の頭を勤め、

　後に江戸に住居致し、大久保大和と変名し、甲州並に下総流山に於て官軍に手向い致し、或は徳川の内命を承り候等と偽り唱へ、容易ならざる企てに及び候段、上は朝廷下は徳川の名を偽り候次第、其罪数うるにいとまあらず、依て死罪の上、梟首せしむるもの也。

首は京都に送られて閏四月八日、三条大橋西詰南側の河原に再び晒された。京洛を震え上がらせた新撰組局長の首を一目見ようと、河原は人々でごった返したという。

勇の首は、三日目に同志が夜陰に乗じて盗み出し京都の寺に運んだが、断られ、のちに三河岡崎の法蔵寺に運び、埋葬された。一方、滝野川村の処刑場近くに埋められた胴体は、遺族が密かに掘り起こして、三鷹の龍源寺へ運んだ。

滝野川村の刑場跡は、現在は東京都北区滝野川の繁華街になっていて、ＪＲ埼京線板橋駅前の茂みのなかに「近藤勇宣昌　土方歳三義豊之墓」と刻まれた供養墓碑が見える。後年、同志永倉新八が建立したものだが、風化がひどく、近く建て替える計画だという。

ここから胴体が運ばれた三鷹の龍源寺まではざっと二十キロ。担いだ遺体はずしりと重く、暗闇に紛れ、急ぎ足で運んだとしても、四、五時間はかかっただろう。

龍源寺の門前に勇の胸像が置かれている。その先、墓所に入るとすぐ右手に勇の墓があり、正面に「近藤勇墓」と刻まれている。そばに辞世を記した碑がある。新撰組ブームはまだ続いていて、命日には多くのファンが訪ねると近所の人から聞いた。

岡崎の法蔵寺に葬られた勇の首塚だが、寺側は勇の胸像を建立するなど墓所を整備し、いまや新たな観光スポットになった感じだ。

京都の壬生寺を巡ってから、東京の円通寺へ。静かなたたずまいの傍らに自然石が置かれ、「勇生院頭光放運居士」と戒名が彫られている。そこから郡山を経て会津若松へ。愛宕山腹に立つ天寧寺の墓所には家紋と戒名を刻んだ墓があり、会津藩主の勇に対するこまやかな配慮が見て取れた。

勇は一八三四年（天保五年）、武蔵国多摩郡上石原村の農業、宮川久次郎の三男に生まれた。天然理心流の近藤周助の道場・試衛館に入門し、同家の養子になり、跡を継いだ。そこで歳三や沖田総司、永倉新八らと知り合い、浪士隊に応募して京都に上り、会津藩主で京都守護職の松平容保の預かりとなり、新撰組を結成して強烈な戦闘集団を築き上げた。だが戊辰戦争以後は新政府軍に目の敵にされ、斬首される。

墓の話　墓が多いナンバー1は?

近藤勇ほどいくつも墓や戒名をもっている人も珍しい。首がない胴体を祭る東京都三鷹市の龍源寺の墓、愛知県岡崎市の法蔵寺の首塚、遺髪を祭る京都市中京区の壬生寺の墓、同志が建てた東京都北区のＪＲ埼京線板橋駅前の供養墓碑、東京都荒川区の円通寺の墓。そして福島県会津若松市東山町の愛宕山中腹の会津藩主が建てた墓だ。

戒名も三つ（読み違えたのを含めると四つ）あり、龍源寺のものは「心勝院大勇儀賢居士」と過去帳に記されている。円通寺の墓には「勇生院頭光放運居士」と刻まれている。

近藤勇の墓。隣は土方歳三の墓（福島県会津若松市東山町）

愛宕山のものは会津藩主が死後に贈った戒名で「貫天院殿純義誠忠大居士」である。そばに土方歳三の戒名を記した慰霊碑まで立っている。

墓のあるナンバー1は近藤勇――。そのせいか、「近藤勇の墓を回るのは大変」と嘆く向きも多い。「地下の勇の魂よ、以て瞑すべし」と言いたい。

小栗忠順（上野介）　罪なくして首討たれる

小栗忠順《おぐりただまさ》（上野介《こうずけのすけ》）（元勘定奉行）
戒名　陽寿院殿法岳浄性居士
東善寺裏手の山腹　群馬県高崎市倉淵町権田　ＪＲ高崎線高崎駅前からバス、権田寺前下車、徒歩一分

小栗忠順（上野介）の墓（東善寺　群馬県高崎市）

小栗忠順（上野介）の墓（雑司ケ谷霊園　東京都豊島区南池袋）

雑司ケ谷霊園　東京都豊島区南池袋四　地下鉄有楽町線東池袋駅下車、徒歩五分
命日　一八六八年（慶応四年）閏四月六日、四十二歳

幕臣小栗忠順（上野介）は大老井伊直弼に認められて頭角を現し、一八六〇年（万延元年）、日米修好通商条約批准の遣米使節団の目付として渡米し、帰国後に外国奉行に昇進した。六一年（文久元年）、ロシア海軍が対馬に上陸したときは、現地へ赴いて退去を要求したが、目的を達せず戻り、同奉行を罷免になった。

間もなく勘定奉行になり、町奉行を務めたあと、一八六三年（文久三年）、再び勘定奉行に就き、歩兵奉行を兼ねた。その年四月、新編成の陸軍部隊を率いて朝廷から開国の勅旨を得ようと企てたとして罷免に。だが三たび勘定奉行に復し、軍艦奉行を経て四度目の勘定奉行となり、フランスとの借款契約を成立させるなど幕府財政を支えた。

小栗忠順

これほど罷免を繰り返し、なおも重要なポストに就いたのは、それだけ実力が備わっていたからにほかないだろう。事実、軍政改革にも辣腕を振るい、横須賀造船所、横浜の船舶修理所などを開設し、近代陸・海軍の創始者ともいわれた。

一八六八年（慶応四年）一月、戊辰戦争が起こり、最後まで主戦論を唱えたため、またも勘定奉行を罷免された。旧知行地の権田村に引き籠もった忠順は、新居ができるまで東善寺に仮住まいした。このとき、大砲一門と小銃二十一挺を持ち帰ったのが、新政府に抵抗しようとしていると見なされた。

閏四月五日、忠順のもとに「直ちに政府軍の東山道先鋒総督府軍に出頭せよ」との命令がきた。忠順が家臣三人を従えて出頭すると、総督府の兵士がいきなり縛り上げ、牢屋にぶち込んだ。

翌六日早朝、忠順は取り調べもないままに、後ろ手に縛られて家臣とともに烏川の河原に引き出された。処刑があると知った大勢の村人たちが詰めかけた。処刑に先立ち食事が出されたが、忠順は箸もつけずに黙っていた。「何か言い残すことはないか」と聞かれて、「何もないが、越後へ逃がした母と妻だけは許してやってほしい」と静かに答えた。

処刑が始まろうとしたとき、家臣たちが無実を訴えて大声で泣きわめいた。忠順はたしなめるように一言、「お静かに」と言った。

最初に三人の家臣が首を討たれ、続いて忠順の番になった。処刑を目撃した人の話が東善寺に伝えられている。首斬り役が忠順の威厳に圧倒されて刀を振り下ろせない。見かねた介添え役が斬りやすいように忠順の背中を押したところ、忠順ははったと睨みつけ、「無礼者めっ」と怒鳴った。首斬り役の手元が狂って失敗し、二度目で首を落とした、という。忠順が処刑されたとき、妻の道は身ごもっていた。

翌七日、養嗣子の忠道も家来三人とともに呼び出され、処刑された。この小栗父子らの処刑は、のちに東山道先鋒総督府軍一番隊長の独断によるものであることが判明した。

処刑の地に「偉人小栗上野介　罪なくして此所に斬る」と刻まれた碑が立っている。山間の険しい道をたどると、住居跡も残っている。

忠順の墓は二つある。一つは忠順が仮住まいした群馬県高崎市倉淵町権田の東善寺の墓所にある。「小栗上野介源忠順」「小栗又一源忠道」と、父子の墓が並んでいる。境内には胸像もあり、同寺の遺品館には忠順ゆかりの品々が納められている。

もう一つは東京都豊島区南池袋の雑司ケ谷霊園の一―四―B五側三十五番で、霊園管理事務所のすぐ脇にある。背の低い墓で、表面に「小栗家累代之墓」、裏面に「小栗上野介　明治元年閏四月六日卒　行年四十二歳」と刻まれている。隣に妻道、そして息子、嫁の名が見える。この息子が道が宿していた子だろう。息子は妻を娶り、一九四〇年代前半（昭和十年代）まで生き、七十五歳で亡くなっている。父亡き後の一家の苦渋の歩みが、墓石から偲ばれた。

世良修蔵　「奥羽皆敵」で恨み受け

世《せ》良《ら》修蔵《しゅうぞう》（奥羽鎮撫総督府参謀・長州藩陪臣）

世良修蔵の墓（福島稲荷神社境外　福島県福島市宮町）

世良修蔵の墓（宮城県白石市福岡蔵本の陣馬山）

戒名　義徳院英山雄心居士
福島稲荷神社境外東北隅　福島県福島市宮町　JR東北本線福島駅下車、徒歩十五分
宮城県白石市福岡蔵本の陣馬山にも墓　JR東北本線白石駅前から市バス、大橋下車、徒歩六分
命日　一八六八年（慶応四年）閏四月二十日、三十四歳

一八六八年（慶応四年）閏四月十九日午後、奥羽鎮撫総督府参謀で長州藩士の世良修蔵は、薩長筑前の兵と在京の仙台兵を率いて福島城下に入り、従士の勝見善太郎を伴い、駕籠で北町の妓楼金沢屋に乗りつけた。

修蔵は部屋に入るとすぐ、金沢屋の主人に紙と硯を持ってこさせ、羽州にいる薩摩の総督府参謀大山格之助（綱良）に宛てて文書をしたため、油紙に包んで糸で縛った。そして七ツ半（午後五時）すぎ、福島藩用人鈴木六太郎を呼んで手渡し、「決して仙台の者に知れぬようにして届けてほしい」と念を押した。

部屋に戻った修蔵は、敵娼の女を相手に酒を飲みだした。酒がめっぽう強い修蔵は銚子を何本も空にしたあげく、酔いにまかせて裸踊りまでやってのけ、女を抱いて深い眠りに落ちた。

世良修蔵

福島に滞陣中の仙台藩の瀬上主膳らは、会津藩の嘆願を蹴って奥州入りした修蔵の動きを見張っていたが、鈴木が急いで出かけたので、板谷峠まで追いかけて捕らえた。文書を奪い取り開封してみると、そこには、自分は京都に戻った後、精兵を率いて奥羽を攻めるとあり、「奥羽皆敵ト見テ逆賊之大策ニ致度候。仙台・米沢ノ賊、朝廷ヲ軽ンズルノ心底、片時《はばかり》モ難計《がたき》奴《やつ》」と書かれていた。

「奥羽皆敵」の文字に激高した仙台藩の瀬上や姉歯武之進、田辺賢吉、赤坂幸太夫ら、福島藩の遠藤条之助、杉沢覚右衛門らは、直ちに暗殺計画を練り、翌二十日未明、一行十人あまりが金沢屋に忍び込んで、寝ている修蔵を襲った。

驚いて飛び起きた修蔵は、刀を探したが見つからないので、短刀で応戦した。だが棍棒でたたき落とされ、部屋の隅にあった短銃を手にして必死で引き金を引いたが、弾が発射せず、相手に飛び込まれて縛り上げられた。実は、金沢屋の主人が修蔵の敵娼となる女に因果を含めて、裸踊りの最中に刀を隠させていたのだった。

仙台藩の宿所で密書を突き付けられた修蔵は、阿武隈川畔に引っ立てられた。そこで修蔵は、最期に紙と筆を所望したが、「ふざけたことを申すな」と拒絶され、やにわに首を討たれた。首のない胴体は阿武隈川に投げ込まれた。

修蔵惨殺を知った新政府軍は激怒し、一方の奥羽諸藩は引くに引けなくなり、越後を加えた奥羽越列藩同盟を組織して、新政府軍に抵抗する姿勢を固めた。

こうして戦火は一気に越後から奥羽へ飛び、長岡、二本松、会津と激しい戦が繰り広げられることになる。

修蔵の首は白石に運ばれ、首実検の後、白石の傑山寺末寺の月心院に葬られた。阿武隈川に投げ込まれた胴体は引き揚げられて、近くの福島稲荷神社境外に葬られた。

修蔵の墓はしたがって二つある。一つは福島稲荷神社境内からはずれた場所に立つ胴体を葬った墓で、正面に「長藩世良修蔵霊神」と刻まれている。だが背後に金網が施されていて、捕らわれ人を思わせ、悲しい。

もう一つは首を葬った月心院の墓だが、洪水が起こって何もかも流されてしまった。一八七〇年

（明治三年）に白石大橋北岸の小高い陣馬山に改葬され、宮城県が墓碑を建立した。だが、中身がない墓である。墓の正面には「奥羽鎮撫総督参謀長州藩士世良修蔵之墓」と刻まれている。

修蔵は奥羽平定を貫こうとして、強引と思われるほどの手法を用いたために奥羽の怒りを買い、そのあげく、恨みをのんで死んでいった。陣馬山に立つと、そんな修蔵のあらぶる魂を慰めるにふさわしい、穏やかな光景が広がる。

天野八郎　上野戦争に敗れ、奪回に執念

天《あま》野《の》八郎《はちろう》（彰義隊副頭取）

天野八郎の墓（円通寺　東京都荒川区南千住）

彰義隊戦死者之墓（上野公園　東京都台東区）

戒名　顕彰院誼道居士

円通寺　東京都荒川区南千住六　ＪＲ常磐線南千住駅下車、徒歩十分
慈眼寺　群馬県甘楽郡南牧村　ＪＲ高崎線高崎駅で上信電鉄に乗り換え下仁田駅下車、タクシーで十二分
命日　一八六八年（明治元年）十一月八日、三十八歳

一八六八年（慶応四年）一月の鳥羽・伏見の戦いに敗れて江戸に戻った将軍徳川慶喜は、二月十二日、上野寛永寺に入って恭順した。これを知った幕臣らは、慶喜の護衛を名目に寛永寺近くの上野に集まり、朝敵の汚名をそそごうと檄文を同志に回して呼びかけた。

上野国甘楽郡盤戸村の庄屋の次男で攘夷論者の天野八郎は、慶喜が謹慎したと聞き、激怒して江戸に上った。幕臣ではないが、十四代将軍家茂の第三次上洛の際、京都で召し抱えられ二百俵を賜った。

薩摩と長州のやり方に不満を抱く者が続々集まってきて彰義隊が組織され、一橋家家臣の渋沢誠一が頭取に、八郎が副頭取になった。彰義隊とは、将軍になる前の一橋家の当主だった慶喜の床几近くにいた連中を指して、床几を彰義と読んだことに由来する。

彰義隊は輪王寺宮を擁して上野寛永寺に立て籠もった。旧幕臣や草莽の士らも相次いで参加し、勢力が増大した。だが頭取の渋沢と副頭取の八郎が対立して渋沢は脱退。新たに池田大隅守が頭取に就き、八郎が隊の実権を握った。このときの彰義隊は千五百。

新政府軍大総督は上野の山の彰義隊を討伐すると触れを出した。軍防事務局判事の大村益次郎は、

寛永寺正門などの黒門口に薩摩藩兵を、背面の谷中方面に長州藩の主力を配し、熊本・鳥取藩兵を各地に置いた。本郷台には大砲を備えた。

八郎は上野の山に急ごしらえの木柵を設けて、彰義隊と諸隊の主力で黒門口を固め、谷中に兵を配置し、山王台に砲を据えた。池田が本営に輪王寺宮を迎えて守護した。

五月十五日午前六時、新政府軍は総攻撃を開始した。八郎は黒門をはじめ八つの門を馬で駆け巡り、全軍を叱咤しながら自らも大刀を振るって戦った。だが本郷台のアームストロング砲が火を噴きだすと、八つの門は次々に落ち、戦死者が相次ぎ、上野の山一帯は火の海になった。脱走者が続出し、八郎もまた輪王寺宮の行方を追って戦場から脱出した。彰義隊はわずか十時間足らずで壊滅した。

天野八郎

敗残の兵士らは江戸を捨てて奥羽へ走った。だが八郎は音羽護国寺に逃れ、本所薬師の炭屋文次郎方に隠れて江戸の奪回を画策した。白昼、深網笠をかぶっただけの姿で市中を歩き回り、再挙の連絡を取り合った。しかし七月十三日、同志の大塚霍之丞と朝食中、新政府軍に踏み込まれ、逮捕された。ここに出てくる大塚霍之丞は、のちに蝦夷地箱館で、榎本釜次郎（武揚）が切腹しようとしたのを止めた人物である（一九六ページ参照）。

八郎は牢獄につながれて間もなく病気になり、わずか四カ月後の十一月八日、死んだ。獄中の遺稿『斃休録』（一八六八年）に「余昔年より槍印その外、物の印に『香車』を用ゆ。これ一歩も横に行き、後へ引く道なきことを表するの証なり」とあり、将棋の駒の香車のように一直線に死んでいったのだった。

上野の山に放置されていた彰義隊士たちの遺体は、南千住の円通寺住職仏磨が、官許を得て収容し、荼毘に付したのち同寺に運び合葬した。この縁で一九〇七年（明治四十年）、寛永寺の黒門が同寺墓所に移設された。

八郎の墓は円通寺にある。細長い背の高い墓で、「明治元年戊辰年　顕彰院誼道居士十一月八日俗名天野八郎」と刻まれている。墓の前に置かれた石造りの焼香箱に「施主五代目尾上菊五郎」とあり、おやっ、と思い調べてみると、一八九〇年（明治二十三年）、尾上菊五郎が『皐月晴上野朝風』と題して八郎をモデルにした芝居を上演したのが機縁で、小塚原の墓地にあったのを、ここに改葬したことを知った。

郷里の群馬県甘楽郡南牧村の慈眼寺にも分骨した墓碑がある。東京の上野の山に立つ「彰義隊戦死者之墓」は彰義隊の死者を祭るもので、文字は山岡鉄舟の筆による。

沖田総司　肺結核に斃れた天才剣士

沖田総司《おきたそうじ》（新撰組隊士）
戒名　賢光院仁誉明道居士
専称寺　東京都港区元麻布三　地下鉄日比谷線六本木駅下車、徒歩十五分
命日　一八六八年（慶応四年）五月三十日、二十五歳

沖田総司の墓（専称寺　東京都港区元麻布）

一八六八年（慶応四年）五月三十日夕刻、新撰組隊士沖田総司は、江戸千駄ケ谷池尻橋の植木屋・植甚の柴田平五郎の離れで亡くなった。肺結核だった。「あの黒ネコ、またきてるだろうな」とつぶやくように言ったのが最期の言葉だったという。

天才剣士とうたわれた総司が、初めて喀血したのは一八六四年（元治元年）六月五日、旅籠池田屋で血刀を振るっていた最中だ。引き揚げてから同僚たちが養生するよう勧めたが、総司はその後も京洛の街で暴れ回った。その間も病状が少しずつ進み、しばしば血を吐いた。

一八六七年（慶応三年）秋、総司の病はいっそうひどくなり、病床に臥すようになった。翌六八年（慶応四年）一月三日に鳥羽・伏見の戦いが起こったが出陣できず、同月十五日、戦いに敗れた近藤勇など敗残の隊士らとともに、軍艦富士山丸に乗って江戸に戻った。

近藤に付き添われて神田和泉橋にある幕府典医松本良順の医療所を訪れて治療を受けたが、鎮咳剤や下熱剤を飲んだ程度で、

沖田総司

安静にしているように言われ、間もなく「植甚」方へ移った。

新撰組が甲陽鎮撫隊と名を変えて甲州に向け出発したのは二月二十八日。その前に近藤は千駄ケ谷を訪ね、手当を渡した。近藤が妻ツネに語った話によると、総司の顔は骨と皮ばかりで、見ていて涙がとまらなかったという。よほど衰弱していたのだろう。

だが佐藤昱『聞きがき新選組』（新人物往来社、一九七二年）によると、総司は甲陽鎮撫隊に従軍して武州日野まで行き、土方歳三の姉ノブの夫の佐藤彦五郎の前で、「池田屋で斬りまくったときはかなり疲れましたが、まだまだこのとおりです」と言い、相撲の四股を踏む真似をして見せたとある。しかし結局はそれ以上ついていけず、江戸に戻った。

総司は死ぬ前日まで新撰組のことを思い、看病をしていた植甚の老妻や、総司の姉キンに「先生（近藤勇）はどうされたのだろう。お便りはきませんか」としきりに尋ねていたという。姉キンは三根山藩士中野由秀に嫁いでいて、時折、見舞いに来ていた。

このとき、すでに近藤勇は流山で捕まり、板橋宿はずれの一里塚で斬首された後だったが、植甚夫婦も姉のキンもそのことをあえて口にしなかった。病気にさわるといけない、と思ったからだろう。

亡くなる二日前の五月二十八日は梅雨が明けて、夏の日差しが照りつけていた。総司はふらりと外に出た。梅の木の根元に黒ネコが一匹、うずくまっていた。総司は刀の柄に手をかけたが、体力が萎えていて柄がひどく重い。猫はじっとこちらを見据え、隙をみて襲いかかろうとしている。しばらく睨み合いが続き、やがて総司は、「斬れない、斬れないよ」と言い、そのまま離れへ戻った。子母沢寛『新選組物語』（〔歴史新書〕、鱒書房、一九五五年）に出てくるエピソードだが、総司のもう一人の姉が、植甚の老妻から聞いた実話として伝えている。しかし新撰組研究家のなかには子母沢寛のフィクションとする人もいる。

一説に総司は今戸八幡の松本良順宅で亡くなったともいわれ、死亡年齢も二十七歳とする説もある。

総司の墓は東京都港区元麻布の専称寺の墓所にある。鞘堂に納められた墓碑の右側面に「俗名沖田宗治郎」と書かれている。宗治郎は幼名である。同寺の過去帳には戒名の下に沖田林太郎次男と記されている。総司と書くのを憚《はばか》ったのだろうか。若い女性ファンが多く、筆者が訪れた日は、墓前に美しい花々が供えられていた。

第6章　戦火、北へ

二本松少年隊十六人と隊長木村銃太郎
銃の撃ち方も知らずに出陣し

大隣寺　福島県二本松市成田一、藩主丹羽家の菩提寺。ＪＲ東北本線二本松駅下車、徒歩二十五分

正慶寺　福島県二本松市竹田二　隊長木村銃太郎の墓　ＪＲ東北本線二本松駅下車、徒歩三十分

命日　一八六八年（慶応四年）七月二十九日、十二歳から十七歳

木村銃太郎の墓（正慶寺　福島県二本松市竹田）

二本松少年隊16人の墓（大隣寺　福島県二本松市成田）

二本松少年隊顕彰碑（福島県二本松市二本松城跡）

戊辰の戦火は奥羽に飛んだ。一八六八年（慶応四年）七月二十八日朝、二本松藩木村銃太郎の砲術道場に通う門弟の少年たちと、銃太郎の父で同藩砲術師範の貫治の門下生たち合わせて二十四人に、大壇口への出陣命令が下った。これまで非戦闘員扱いだった十四歳未満の少年も交じっていたが、少年たちはこの命令にどっと歓声を上げた。

同藩には藩士の子弟が学ぶ藩校敬学館のほかに、藩校に準じる武道塾や儒学塾などの家塾が二十

二本松少年隊隊長木村銃太郎

一もあり、木村銃太郎の砲術道場もこうした家塾の一つだった。

少年たちは黒い木綿の筒袖をまとい、施条大砲と元込め銃を持ち、二十二歳の若い隊長銃太郎に引率されて出陣した。まるで遠足にでも行くようなはしゃぎようだった。大壇口は江戸に通じる西の要で、すでに丹羽隊が大砲を備えて警備に就いていた。

二十九日早朝、深い霧を揺るがして大砲の音が響いた。あれほど陽気に振る舞っていた少年たちは体を固くして口をきく者もいない。大壇口から望む二本松街道を新政府軍が行進してくるのが見えた。銃太郎の号令で少年たちは施条大砲を発射した。砲丸が新政府軍の頭上で炸裂し、列を乱して逃げまどった。これを見て少年たちは手を打って喜んだ。

間もなく新政府軍が激しく銃弾を撃ち込んできた。少年隊は大砲や小銃に慣れていない。銃太郎は一人ひとりに声をかけ、小銃を撃つ姿勢を正しく直した。そのとき、悲鳴が上がり、久保豊三郎（十二歳）と高橋辰吉（十三歳）が斃れた。「先生、やられましたあ」という絶叫が聞こえ、銃太郎が振り向いた瞬間、敵弾が左腕を貫いた。銃太郎は痛さをこらえながら「弾に当たったら、こうするんだ」と教え、綿布を患部に当てて縛り付けた。

新政府軍の猛攻は続き、このままでは全滅すると判断した銃太郎は、太鼓を鳴らして少年たちを集合させた。と、今度は敵弾が銃太郎の腰を貫通した。「早く俺の首を取って引き揚げろ」と銃太郎はあえぎながら言った。そこへ副隊長の二階堂衛守が駆けつけ、背後から首を討った。大桶勝十郎（十七歳）がその首にしがみつき、声を上げて泣いた。

二階堂は首の髪を二つに分け、岡山篤次郎（十三歳）と片方ずつ持って後退しようとしたとき、新政府の軍勢が姿を現した。少年たちはそばをすり抜け、崖を駆け下りた。

首を運んで埋める大隣寺が近づいたとき、銃声が響き、二階堂が斃れた。大桶も撃たれて死んだ。少年隊は散りぢりになった。

はぐれて一人になった成田才次郎（十四歳）は、民家の物陰に隠れていて、敵の隊長を見つけ、刀を抜いて飛び出しざま脇腹を刺した。隊長は「この勇ましい少年を殺してはならぬ」と言いながら死んだ。才次郎はそのまま戦いに出て、戦死した。ほかの少年たちも次々に討ち死にした。

この日四ツ半（午前十一時）、二本松城（霞ケ城）は自ら火を放って焼け落ちた。銃太郎の首は最後はどうなったかわからず、さまざまな説だけが残された。

二本松少年隊の呼称は後年つけられたもので、木村銃太郎と銃太郎の父貫治の門下生だけでなく、各地に出陣した少年たちも含めて、地元では六十二人としている。戦死者は十六人で、うち木村隊は銃太郎以下八人を数えた。

二本松市内を巡ると少年隊が奮戦した大壇口、銃太郎の首を下げて駆けた崖道、戦闘の跡などが残っている。二本松城跡の郭内は県立自然公園になっていて、白旗ケ峰の南下の丘は少年隊の丘と呼ばれ、二本松少年隊顕彰碑が立っている。

竹田の正慶寺《しょうぎょうじ》には、銃太郎の墓が城を向いて立っている。成田にある藩主丹羽家の菩提寺大隣寺には、少年隊の墓十六基が並び、墓前に香火がゆらりと立ち上っていた。

河井継之助　自分が入る柩を作らせて

河井継之助《かわいつぐのすけ》（長岡藩家老）
戒名　忠良院殿賢道義了居士
栄涼寺　新潟県長岡市東神田三　JR信越本線長岡駅下車、徒歩三十分
医王寺　福島県只見町塩沢　JR只見線会津塩沢駅下車、徒歩五分で終焉之地碑
命日　一八六八年（慶応四年）八月十六日、四十三歳

河井継之助の墓（栄涼寺　新潟県長岡市東神田）

一八六六年（慶応二年）、越後長岡藩の河井継之助は御番頭格町奉行に抜擢されると、藩政改革に着手し、財政の立て直しを図る一方、練兵場を設けて洋式訓練に励んだ。

一八六七年（慶応三年）暮れ、大政奉還によって国論は二つに割れた。藩主牧野忠訓はこれを調停しようと上京の途中、大坂で病にかかり動けなくなる。名代として上京した継之助は、中立の立場から新政府に対して、政権を徳川に委ねるよう建白した。これによって長岡藩は佐幕派として新政府から睨まれることになる。

一八六八年（慶応四年）、戊辰戦争が起こった。家老になった継之助は、朝命に従いながら徳川家に忠誠を尽くすとの藩論をまとめ、四月十七日、藩士たちに伝えた。あくまでも中立を貫こうというものだった。だが新政府北陸道鎮撫総督軍は山道軍と海道軍に分かれて進撃してきた。

五月二日早朝、継之助は新政府鎮撫総督軍本営である小千谷の慈眼寺に赴き、軍監岩村高俊に嘆願書を提出して藩主の恭順を伝え、しばらくの猶予を願った。だが岩村はこれを一蹴した。談判が決裂し、継之助は抗戦もやむなし、と判断した。

十日、継之助は軍勢を率いて長岡城から南二里半（約十キロ）の榎峠に出陣し、城下へ接近してきた新政府軍に折からの風雨を突いて襲いかかり、撃退した。北越戦争の勃発である。

新政府軍は兵力を信濃川左岸に移し、川を渡って長岡城を攻めたて、五月十九日、落城させた。長岡藩は七月二十四日夜、沼地を渡る危険な奇襲作戦で新政府軍を攻撃し、城を奪い返した。だ

河井継之助

がこの戦いで継之助は左膝下に銃弾を受けて動けなくなった。新政府軍は援軍を繰り出して反撃し、同月二十九日、またも長岡城は陥落した。

継之助は戸板に乗せられ、敗残の兵とともに会津若松へ向け逃避行を始めた。難所の八十里峠を越えるとき、自嘲を込めて「八十里　腰抜け武士の越す峠」と詠んだ。

何とか会津領只見にたどり着いたが、傷口は日に日に化膿していた。だが躊躇している暇はない。また歩きだし、八月十二日、塩沢村の矢沢家に着いた。だが症状がにわかに悪化した。

先に会津へ落ちた長岡藩主から差し向けられた幕府典医松本良順の手当てを受けたが、すでに治療もできないほどになっていた。継之助は死を覚悟し、義兄の梛野喜兵衛に「義理を守りご奉公仕る所存とは申し乍ら、畢竟《ひっきょう》不行届により其の意に達すこと能ずは残念至極」と書き送った。

死ぬ前日の十五日、継之助は従僕の松蔵を枕元に呼び寄せ、「ながながお世話になった」と礼を述べ、「見ているところで、私の入る柩を作ってくれや」と命じた。これを知らされた家来たちは、涙を流しながら木材を運び、柩と骨箱を作った。

十六日暮れ五ツ半（午後八時）すぎ、継之助は柩ができあがるのを見届け安堵したかのように、息を引き取った。継之助の遺体は只見川河原で荼毘に付され、松蔵が遺骨箱を背負って会津の建福寺まで運び、葬儀を営んだ。遺骨はのちに故郷の長岡の栄涼寺に移された。

墓は、この新潟県長岡市東神田の栄涼寺墓所にある。「河井継之助先生の墓」と書かれた案内板があるのですぐわかる。「河井氏　先祖累代墓」と刻まれた墓石がどっしりした台座の上に置かれていて、いまも供え花が絶えないという。

福島県只見町塩沢には終焉の家となった旧矢沢家があり、医王寺境内に終焉之地碑が立っている。

そこから六百メートル先に河井継之助記念館がある。

白虎隊士中二番隊　城炎上と見誤り集団自決

会津藩《あいづはん》白虎隊《びゃっこたい》士中《しちゅう》二番隊《にばんたい》十九人

白虎隊士中二番隊19人の墓（飯盛山墓所　会津若松市一箕町）

飯沼貞吉の墓（飯盛山　会津若松市一箕町）

戒名　賢忠院軍誉英清居士（篠田儀三郎）／清進院良誉英忠居士（津川清代美）／白巖院殿孤虎貞雄居士（飯沼貞吉）
白虎隊飯盛山墓所　会津若松市一箕町大字八幡　ＪＲ磐越西線会津若松駅前からバスで飯盛山下車、徒歩五分
命日　一八六八年（慶応四年）八月二十三日、十六歳から十七歳

一八六八年（慶応四年）八月二十一日早朝、新政府軍の先鋒が母成峠を突破した。翌朝、藩主松平容保に従って滝沢村に赴いた白虎隊士中二番隊に出撃命令が下った。隊頭、小隊頭ら五人の大人に率いられた三十七人の少年たちは、戸ノ口原の最前線へ進出した。

夕方になって激しい風雨に変わった。隊長の日向内記は食糧を求めて出かけたまま帰らず、少年たちは握り飯一個で耐えた。

二十三日未明、雨はやんだが深い霧が立ち込めるなか、突然、新政府軍の銃撃が始まった。白虎隊は刀を振るって突撃したが、すぐに退路を絶たれた。嚮導の篠田儀三郎は散りぢりになった少年たちをまとめて、飯盛山腹を抜ける灌漑用水路の洞窟をずぶ濡れになって歩き、飯盛山にたどり着いた。だが城下は砲弾が飛び交い、会津鶴ケ城の天守はもうもうたる火煙に包まれていた。

篠田が「武運は尽きたのだ。潔く死のう」と言った。この言葉に少年たちは、「そうだ、死のう」と叫ぶように言った。少年たちは一列に並び、大地に手をついて涙ながらに天守を伏し拝んだ。篠田の声に合わせて、藩校日新館で習った文天祥の詩を吟じた。

人生古より誰か死無からん、丹心を留守して汗青を照らさん

伊藤俊彦が誰よりも早く、刀を腹に突き刺し倒れた。石田和助が筒袖の着物をはだけ、「お先にごめん」と言うなり、腹を斬った。有賀織之助が、間瀬源七郎が、井深茂太郎が、津川喜代美が、西川勝太郎が、相次いで腹を斬った。篠田は近くの大木に身を寄せ、刃を腹に突き立てた。永瀬雄次は深手を負って動けず、親友の林八十治に「差し違えて死のう」と刀を抜いた。林はうなずき、互いに相手の喉を突いたが、永瀬の力が足りなくて林は死にきれない。野村駒四郎が後ろから林の首を討ち、再び刀を持ち直して自分の腹を突いた。

年齢を一歳多く偽って出陣した飯沼貞吉は、刀を喉元へ突き刺したが、喉骨にぶつかり通らず、そばの枝木を握り、渾身の力を込めて体を突き出し、そのまま意識を失った。

篠田儀三郎

雨が降りだし、少年たちの屍を冷たく濡らした。わが子が戦いに出たまま帰らず、行方を探して飯盛山へ来た会津藩印出新蔵の妻ハツがこの集団自決現場に遭遇し、そのなかに体を動かす少年がいたので名を尋ねると「白虎隊の飯沼貞吉」と答えた。ハツは驚き、貞吉を背負って山を下り、夜になって三里離れた塩川の宿屋へ運んだ。これによって、白虎隊の悲惨な最期が伝えられることになる。ちなみに貞吉の父の妹

集団自決する白虎隊の少年たち

が西郷頼母の妻で、親族になる。

戦いの終結後、新政府軍は賊兵の遺体を運ぶことを許さず、放置されたままになっていた。翌春、滝沢村の肝煎の吉田伊惣次が遺体を近くの妙国寺へ運んで仮埋葬した。

少年たちが、鶴ケ城は燃えていると見たのは誤りで、まだ籠城戦中だった。白旗を掲げて降伏するのはこの一カ月後の九月二十二日である。

白虎隊十九人の墓は、飯盛山の山腹に並んで立っている。七回忌に当たる一八七四年（明治七年）に妙国寺の墓所から改葬したもので、墓に一人ひとりの氏名が刻まれている。いまも墓前には参拝者の香火が絶えない。自決の地に通じる道端に貞吉（のちの貞雄）の墓が一基だけ離れて立っている。貞吉は死ねなかったことを悔やみ、九十七歳まで長寿を保ちながら、二度と故郷の地を踏むことはなかったという。

近くに立つ白虎隊記念館には白虎隊の遺品や資料が並んでいる。飯盛山麓の妙国寺は最初に遺体を葬った寺で、「殉節白虎隊士之霊」と刻まれた墓碑がある。

白虎隊の編成

白虎隊は会津藩の軍制の一組織で、戊辰戦争勃発後に編成された。年齢別に玄武隊（五十歳以上）、青龍隊（三十六歳から四十九歳）、朱雀隊（十八歳から三十五歳）、それに白虎隊（十六歳から十七歳）の四隊に分け、さらにこれを身分によって士中、寄合、足軽に分け、それぞれ二中隊組織とした。集団自決に走ったのは白虎隊士中二番隊である。

墓の話　墓の数が増えた？

飯盛山に並ぶ白虎隊十九人の墓、でも最初は十六基だったって、ほんと？

白虎隊の最期が初めて報じられたのは、わが国初の新聞「天理可楽怖」第三号（一八六九年〔明治二年〕四月二十八日付）。この記事は東京・鍛冶町の医師宅で亡くなった北越の萩原源蔵という人が会津攻撃で知った話を病床で語ったのを「心情新話」の題でまとめたもの。蘇生した飯沼貞吉の話がもとになっているのは言うまでもない。

これによると、戸ノ口原の戦いに敗れてばらばらになった白虎隊の少年十七人は、灌漑用水路の洞窟をくぐり抜け、飯盛山に着いたものの、硝煙に包まれた城下を見て絶望し、集団自決の道へ走る。だが貞吉だけは助かる。そのため一八八四年（明治十七年）に催された十七回忌のときに作られた佐原盛純の詩には「十有六士腹を屠って死す」とある。この時期に描かれた白虎隊の自決の絵にも十六人しか描かれていない。

ところが同じ日、白虎隊の伊藤悌次郎ら三人も、違うコースをたどって飯盛山麓まで逃れ、自ら命を絶っていた事実が明らかになり、一八九〇年（明治二十三年）の二十三回忌法要を機に三人加えて十九人としたのである。

白虎隊の最期を描いた絵を当初のものと見比べてみると、すぐわかる。

西郷頼母一族　一族二十一人が死への旅立ち

戒名　清源院殿随流妙意大姉（西郷《さいごう》千重子《ちえこ》）

善竜寺　二十一人之墓（西郷頼母一族）

福島県会津若松市北青木十三　ＪＲ磐越西線会津若松駅前からバス、建福寺前下車、徒歩五分。「なよ竹の碑」が同境内に

二十一人之墓（善竜寺　会津若松市北青木）

命日　一八六八年（慶応四年）八月二十三日、三十四歳（同時に自決した二十人は二歳から六十七歳）

白虎隊が飯盛山で集団自殺した同じ一八六八年（慶応四年）八月二十三日、会津藩家老西郷頼母の屋敷で一族二十一人が自決した。

この朝、戸ノ口原を突破した新政府の軍勢が城下へなだれ込んだ。鶴ケ城から籠城を告げる早鐘が乱打された。会津藩家老の西郷頼母はすでに出陣して家にはいない。妻の千重子（三十四歳）は、城に入って足手まといになるより、頼母が存分に戦えるよう、死をもって尽くそうと決意し、長男吉十郎を城に送り出した。

一族は屋敷の奥の二間に集まって別れの言葉を交わし、頼母の母律子（五十八歳）をはじめ千重子、頼母の妹の眉寿子（二十六歳）、由布子（二十三歳）、長女の細布子（十六歳）、次女の瀑布子（十三歳）らが次々に辞世を詠んだ。千重子の辞世は、

なよ竹の　風に任する身ながらも　たわまぬふしは　ありとこそ聞け

細布子と瀑布子の姉妹は上の句と下の句を分けて、妹、姉の順に詠んだ。

手をとりて　共に行きなば迷わじな（瀑布子）

いざたどらまし　死出の山みち（細布子）

西郷千重子

壮絶な自決が始まり、それぞれがわが手で喉や胸を突いた。その瞬間、血潮が白い装束をみるみる染めた。千重子は幼い三女田鶴子（九歳）、四女常磐子（四歳）、五女季子（二歳）を太刀で殺害した後、自らも喉を突いて果てた。

西郷家の支族である西郷鉄之助（六十七歳）、妻きく子（五十九歳）、頼母の外祖母である小森駿馬の祖母ひで子（七十七歳）、妻みわ子（二十四歳）、長男千代吉（五歳）、駿馬の妹つね子（十歳）、同みつ子（二歳）、それに親戚の町田伝八（五十歳）、妻ふさ子（五十九歳）、姉浦路（六十五歳）、町田家の親戚浅井信次郎の妻たつ子（二十四歳）、長男彦（二歳）らも次々に自決した。

新政府軍の土佐藩士中島信行は、誰の屋敷とも知らずに侵入し、この集団自決現場に遭遇する。大勢の人が血まみれになって倒れていて、そのなかの若い娘がわずかに身を起こし、「わが兵か、敵兵か」と尋ねた。すでに目は見えないらしい。中島は言葉に詰まりながらも、「わが兵だ、しっかりしろ」と言うと、娘は身辺を探って懐剣を取り出し、これでとどめを、という仕草をした。中島は、娘の命はもう助からないと判断し、その喉を突いた。

中島信行はのちに衆議院初代議長となった人物だが、会津戦争のときは参戦しておらず、同じ土佐藩の中島茶太郎の誤りとする説がある。また薩摩の川島信行の可能性が高いなどの異説もある。

復元された会津藩武家屋敷の西郷邸の奥の二間は自刃の間とされ、そこに自決現場を再現した人形が並んでいて、思わず息をのむ。

一族の集団自決をのちに知った西郷頼母が涙を拭って書いたのが『栖雲記』（一八九六年）である。

戦火がやんで、籠城していた頼母の姪の井深登世子は、焼け落ちた西郷家の焼け跡から二十一人の遺骨を見つけて一つひとつ拾い、西郷家の菩提寺善竜寺に「二十一人之墓」として弔った。

墓は同寺の墓所の真新しいあずまやのなかに安置されている。近年建て直したもので、正面に「二十一人之墓」と刻まれている。小さな灯籠が一つ置かれ、美しい花が飾られていた。墓のそばに、千重子が詠んだ辞世の碑が立っている。「なよ竹の碑」と呼ばれ、西郷一族の哀しみを伝えている。

中野竹子　薙刀振るって戦う

中野竹子《なかのたけこ》（会津藩娘子軍隊長）
戒名　美性院芳烈筆小竹大姉
法界寺　福島県河沼郡会津坂下町　JR只見線会津坂下駅下車、徒歩十八分
命日　一八六八年（慶応四年）八月二十五日、二十二歳

中野竹子の墓（法界寺　福島県会津坂下町）

一八六八年（慶応四年）八月二十三日、会津鶴ケ城から早鐘が鳴り響いた。攻め込んでくる新政府軍を迎え、城門を閉めて籠城戦に持ち込むという知らせである。
会津藩士、中野平内の長女竹子は「このまま死ぬより、戦って死にたい」と述べ、鏡の前に座り長い黒髪を切った。母こう子（四十四歳）、妹優子（十六歳）も髪を切った。三人の髪を一緒に紙に包んで箱に入れ、その上に名前を書き、庭の築山に埋

中野竹子

めて、目印に小さな石を置いた。
父の平内は会津藩の青竜隊に、弟豊紀は朱雀隊に入り、すでに出陣していた。母娘は急いで出陣の支度をした。城に入って藩主松平容保の義姉照姫の指揮の下、ともに討ち死にする覚悟である。
竹子は青みがかった縮緬のお召しに紅色の袴をつけ、白い布のたすきをかけ、鉢巻きを締めた。そして、腰に刀を差し、薙刀を持ち、辞世の一首を懐にしまい込んだ。

武士《もののふ》の猛《たけ》き心にくらぶれば　数にも入らぬ我が身ながらも

そろって城に向かったが、すでに新政府軍の猛攻が始まっていて、堀端のあたりは逃げまどう人々であふれていた。そこへ髪をざん切りにした依田まき子（三十五歳）と菊子（十八歳）がやってきた。鳥羽・伏見の戦いで戦死した同藩別撰隊組頭依田源次の妻と妹で、城まで行ったがすでに

城門は閉ざされていて入れないという。そこへ岡村すま子（三十歳）も来合わせた。夫岡村武兵衛は同藩正奇隊の半隊頭で、すでに城内へ入っていた。六人は助け合って行動することになり、照姫がいるという坂下《ばんげ》へ向かった。

このグループがのちに会津娘子軍《じょうし》と呼ばれるのだが、藩が特別に編成したものではない。このほか神保雪（二十六歳）、平田蝶（十八歳）などを含めて二十人ぐらいいたともいう。

竹子ら娘子軍は坂下に着いたものの、照姫の姿はなかった。坂下の法界寺で一泊し、翌二十四日、高瀬村に出陣している家老萱野権兵衛を訪ねて、行動をともにするのを条件に出陣が認められた。

その夜、竹子と母こうが、優子について悲壮な相談をした。優子は評判の美貌で、敵に捕らわれ辱めを受けるより、いっそわれらが手でというものだった。依田まき子、菊子が聞きつけ、必死に思いとどまらせた。これは菊子晩年の述懐である。

八月二十五日朝、坂下の柳橋で戦いが始まった。萱野権兵衛の軍勢が二手に分かれて新政府軍に発砲し、応戦したあげく、すさまじい白兵戦になった。竹子は娘子軍の先頭に立ち、薙刀を振るって戦った。そのうち新政府軍が「女だ。討たずに生け捕れ」と叫び、追い回し始めた。「捕まるな。恥を受けるな」と竹子は叫びながら薙刀を振り回した。

新たな敵が刀を振りかざして迫ってきた。応戦しようと振り返ったとき、弾丸が竹子の胸をえぐった。「母さん、やられました」、竹子は草むらに倒れ込むなり、苦しそうに「介錯を」と言った。優子が脇差しで首を斬ろうとしたが、乱れ髪が首にからんで斬れない。そのうち乱戦になり、そのまま戦線を離脱した。

翌日早朝、戦いが鎮静したなか母と妹があたりを捜したところ、首のない遺体が転がっていた。会津藩の義勇兵が首を討ち、坂下へ運んでいたのだった。母と妹は改めて首をもらい受け、法界寺の本堂前の梅の木の下に葬った。

柳橋のたもとには、いまも大きな柳の木があり、近くに奮戦する「竹子の像」が立っている。墓は会津坂下町の法界寺墓所にある。墓の正面の文字は磨耗しているが、「小竹女子之墓」と読める。小竹は竹子の雅号である。

横井小楠　西洋かぶれと狙われて

横井小楠《よこいしょうなん》（明治政府参与）
戒名　養徳院殿謙道宗義大居士
南禅寺塔頭天授庵　京都市左京区南禅寺福地町　京阪電鉄京津線蹴上駅下車、徒歩六分
命日　一八六九年（明治二年）一月五日、六十一歳

横井小楠の墓　南禅寺塔頭天授庵（京都市左京区）

一八六九年（明治二年）一月五日午後二時ごろ、明治政府参与横井小楠（平四郎）は、参内を終えて御所を出た。小楠は腸を患っているうえ、暮れにかかった風邪が長引き、体調がすぐれない。駕籠のそばに門人の横山助之丞や若党、草履取り六人が付き添った。

寺町丸太町通りの御霊社近くまで来たとき、突然、銃声が響き、それを合図に頭巾で顔面を覆った六人が駕籠に向かって突進してきた。門人や若党たちが刀を抜いて防戦した。

駕籠のなかの小楠は体が思うようにならず、やっと駕籠を抜け出たところを、一人が「この不逞の輩めっ」と言って斬り付けた。すかさず駕籠を後ろ楯に小刀を抜いて斬り結んだが、小刀をたたき落とされ、横合いから斬り付けられて崩れ落ちた。

斬ったのは尾州藩士鹿島又之允である。鹿島は小楠の髻をつかんで首を斬り落とし、高々と掲げてから、油紙に包み、抱えて逃げ出した。そこへ門人吉野七五三之介が駆けつけ、富小路川辺まで追い詰めたので、鹿島は首を投げて逃走した。

横井小楠

襲撃した六人組のうち、斬られて倒れた郡山藩士柳田直蔵の懐から斬奸状が見つかった。

> 此の者是迄の姦計《かんけい》、不逞《ふてい》、枚挙候《まいきょにそうろう》得《え》共《ども》今般夷賊に同心し、天主教を海内に蔓延せしめんとす。邪教蔓延致し候節は、皇国は外夷の有と相成り候事顕《あきらか》なり。併朝廷御登傭の人を殺害に及候事深く奉り恐れ入り候へ共、売国之姦要路に基居り候時は、

前条の次第に立至り候故、天誅を加える者也　天下有志

この文面から小楠が外国人受け入れの元凶だと睨んでの犯行とわかった。

「天誅禁止」の布令が出て初めての事件だけに、新政府がすぐ捜査に乗り出し、暗殺団の黒幕である十津川郷士上平主悦ら四人と自首した二人を逮捕、斬られて七日後に死んだ柳田以外の五人の人相書きを作り、指名手配した。その日のうちに備前国農民土屋延雄が自首、十六日には鹿島と石見郷士上田立夫、さらに翌一八七〇年（明治三年）六月になって十津川郷士前岡力雄が逮捕された。だが十津川郷士中川力祢尾だけは行方がつかめなかった。

この事件は意外にも暗殺団に同情する声が強く、助命嘆願書が殺到した。政府は大巡察古賀十郎を熊本へ派遣して調査させた。古賀は阿蘇神社の神官から小楠の奥書きがある『天道覚明論』（一八六七年）という本を入手して帰京し、これが国体を冒瀆する内容だとして政府内部にも世論に同調する意見が出た。だがこの本は小楠を陥れるための偽書だったといわれる。事件の背後で公卿が糸を引いていたとする指摘も出た。

一八七〇年（明治三年）十月十日に判決公判が開かれ、上田ら四人の実行犯に斬首のうえ梟首、計画に加担した六人のうち上平ら三人に終身流罪、三人に禁固三年から百日の刑が言い渡された。一年十カ月間という当時としては異例の長い裁判だった。

小楠は熊本藩士で、諸国を歴訪して吉田松陰や橋本左内らと交わり、一八五八年（安政五年）、福井藩に招かれて、橋本亡き後の藩制改革を指導した。徹底した開国論者で、世間に迎合すること

なく信念を通し、そのため倒幕派からも誤解されることが多かった。

　小楠が暗殺された京都市寺町丸太町通りは御所に近く、比較的静かな通りで、道路際に「横井小楠殉節地」の石柱が一本立っているだけだ。

　墓は京都市左京区南禅寺福地町の南禅寺塔頭天授庵の墓所にあり、正面に「沼山横井先生墓」と刻まれている。沼山は小楠の雅号である。故郷の熊本市秋津町には横井小楠記念館、隣接して旧宅四時軒が、同市沼山津町の小楠公園には頌徳碑と銅像が立っている。

土方歳三　死に場所を見つけ突撃し

土方歳三《ひじかたとしぞう》（蝦夷島臨時政権陸軍奉行並）

土方歳三の墓（石田寺　東京都日野市）

土方歳三最後之地の碑（函館市若松町）

戒名　歳進院殿誠山義豊大居士
称名寺　函館市船見町　ＪＲ函館本線函館駅から市電函館どつく前下車、徒歩十分
石田寺　東京都日野市石田　京王線高幡不動駅前からバス、日野高校前下車、徒歩八分
命日　一八六九年（明治二年）五月十一日、三十五歳

一八六九年（明治二年）五月十一日、元新撰組副長で蝦夷島臨時政権陸軍奉行並土方歳三は、道産子馬にまたがりゆっくり進んだ。黒羅紗の詰め襟服に白の兵児帯を締め、陣羽織を着、腰に大刀関ノ兼定を差している。歳三の後に、仙台藩額兵隊と旧幕府伝習隊の一個分隊が続いた。新政府軍に占領された箱館を奪い返そうという作戦である。

亀田と箱館の境界に一本木関門が延びている。歳三は、単騎関門に近づいた。新政府軍の歩哨が銃を構え、「とまれ」と叫び、用向きを尋ねたうえで、「官姓名を名乗れ」と言った。その瞬間、歳三は「陸軍副都督（陸軍奉行並）、土方歳三！」と叫び、兼定を抜き放ってその顔をたたき割り、馬の腹を蹴った。銃声が響き渡った。

馬は弾丸の飛び交うなかを一直線に突き進む。と、流れ弾が歳三の下腹部を貫いた。馬上の歳三の体が宙に舞い、地面に落ちた。

落馬した歳三を見て、元新撰組で指揮助勤の相馬主計が駆け寄り、自分の兵児帯を解いて歳三の右腹に巻き付けた。元新撰組の島田魁も来たので、左右から肩を入れて歳三を支え、関門から四百

メートルほど後方にある民家の納屋に運び込んだ。だが弾丸が腹部を貫通していて手のほどこしようもない。

夕暮れの気配が漂いだすころ、歳三は目をうっすらと開いた。島田が歳三の手を握り励ますと、歳三は微かに「すまんのう」と一言、言って絶命した。

以上は武内収太『箱館戦争』（五稜郭タワー、一九八三年）による。最期のシーンは納屋の所有者の小原家に伝わる話で、同家の嫁が近所の女性たちと長年、歳三の供養を続けた旨も書かれている。司馬遼太郎『燃えよ剣』（文藝春秋新社、一九六四年）も同様な経過をたどる文面である。しかし歳三の死に方には別説があり、突撃して撃たれた、関門で抜刀して指揮中に斃れたなど、定かでない。

この日早朝、新政府軍の箱館総攻撃によって箱館の町は陥落し、その先に位置する弁天砲台が孤立した。すぐに箱館を奪回しなければ五稜郭が包囲されるのは目に見えていた。歳三は五稜郭で開かれた軍議の席上、「箱館奪回の任務を任せてほしい」と言い、五十人の精鋭部隊を率いて出陣した。だがこれだけの兵力では膨大な新政府軍と戦えるはずもなかった。

そして、歳三は、さぁ、撃ってくれと言わんばかりに敵陣の眼前に身を晒し、まるでその標的になる形で死んでいった。

歳三は、盟友の近藤勇を亡くしてのち、徹底抗戦を叫んで榎本釜次郎（武揚）に従い蝦夷地へ落ち延びたが、

土方歳三

「わが輩は死に遅れた。このままでは地下の近藤に合わせる顔がない」と口癖のように言っていたといい、ここに死に場所を求めたのかもしれない。

歳三は武蔵国多摩郡石田村の農家に生まれ、剣術を学び、一八六三年（文久三年）、同門の近藤勇らとともに幕府の浪士取締に応募し、浪士隊新徴組を編成した。その後、京都守護職松平容保の預かりとなり、新撰組の発足とともに副長として京都の治安維持のため勤皇の志士を弾圧した。その一方で新撰組の結束を図るため血の粛清をおこない、鬼副長と恐れられた。

歳三の最期の地である函館市若松町に一本木関門が復元され、そばに「土方歳三最後之地」碑が立っている。墓は函館の称名寺と故郷の東京都日野市の石田寺にある。称名寺のものはほかの新撰組隊士との合葬碑で、後年建立された。石田寺のものは肉親との合葬墓で、真ん中に「歳進院殿誠山義豊大居士」と刻まれている。義豊は諱である。諸説はあるが、歳三の遺体はいまだ見つかっておらず、どちらも遺骨がない墓である。

墓の話　遺骨のない墓

歳三はどこに眠っているのか。調べる手がかりはいくつかある。東京・日野の佐藤彦三郎家（歳三の姉ノブの嫁ぎ先）に残る古文書には、安富才助が馬を曳き、沢忠助、別当熊蔵が付き添い、歳三の遺体を五稜郭へ運んだ、とある。ところがこの古文書は、後年何者かが作った偽物という指摘がなされ、紛糾した。

近藤勇と土方歳三の「殉節両雄之碑」が立っている日野市高幡の高幡不動（金剛寺）に現存する過去帳には「箱館浄土宗称名寺石碑有之」と記されているが、称名寺に墓は現存せず、後年建立した新撰組隊士と連名の碑があるのみ。同寺は大火で移転しているほか、改葬も何度もおこなわれていて、その間に見失ったとも思われる。

このほか七飯の閻魔堂に土葬され、一八七九年（明治十二年）に碧血碑に祭られたという説や、函館市神山の大圓寺の無縁塚に祭られたなど諸説があるが、判然としない。

函館市神山、大圓寺の無縁塚。歳三はここに眠っている？

中島三郎助　父子三人、義を貫き戦死

中島三郎助《なかじまさぶろうすけ》／中島恒太郎《なかじまつねたろう》／中島英次郎《なかじまふさじろう》（いずれも元浦賀奉行所与力、三郎助は蝦夷島臨時政権箱館奉行並）

戒名　二つあり。前者は戦死直後の箱館（函館）称名寺でのもの、後者は妻子の移住先である駿河清水湊（静岡市清水）妙慶寺でのもの。

三郎助　儀顕院忠誉励道現勇居士／忠誠院木鶏日義居士
恒太郎　紫雲院勝誉智勇法鎧居士／忠親院思量日順居士
英次郎　鎗秀院術誉貴仙住蓮居士／志忠院行道日礼居士
東林寺　神奈川県横須賀市東浦賀二　京浜急行本線浦賀駅前からバス、新町下車、徒

中島三郎助（右）と英次郎（東林寺　神奈川県横須賀市東浦賀）

中島三郎助父子最期之地の碑（北海道函館市中島町）

中島恒太郎の墓（東林寺　神奈川県横須賀市東浦賀）

歩七分
命日　一八六九年（明治二年）五月十六日、四十九歳（三郎助）、二十二歳（恒太郎）、十九歳（英次郎）

一八六九年（明治二年）五月十六日明け方、箱館五稜郭の西南に位置する千代ケ岱台場をめがけて、新政府軍の兵士たちが攻めてきた。元浦賀奉行所与力で蝦夷島臨時政権箱館奉行並中島三郎助は、長男恒太郎、次男英次郎はじめ十人あまりの浦賀衆、それに応援の額兵隊、士官隊、小彰義隊、見国隊らを見渡し、檄を飛ばした。弁天砲台が落ちたいま、ここだけが五稜郭を守る最後の砦といえた。

砲兵頭の肩書をもつ三郎助は、十二斤鉄加農砲に弾を込め、接近してくる敵兵に狙いを定めて発射した。轟音が響くたびに土煙が上がり、人影が倒れた。

新政府軍は陣屋の周囲に巡らした堀を越えて土塁に張り付き、四方からどっと攻め込んだ。白兵戦になり、三郎助は刃を抜いて戦ったが、弾丸を受けて倒れ、そのまま絶命した。

恒太郎、英次郎の兄弟は敵兵のなかに飛び込んで数人を斃したが、相次いで敵弾を受けて死んでいった。別説もあり、奮戦中に深手を負い、兄弟刺し違えて死んだともいう。

この戦いで浦賀衆の朝比奈三郎、近藤彦吉、福西国太郎ら十五、六歳の少年を含む十人が戦死した。

三郎助は、浦賀奉行所与力をしていた一八五三年（嘉永六年）、ペリー艦隊来航の折、外国応接

中島英次郎

中島恒太郎

掛として日本人で初めて黒船に乗り込んだ。五五年（安政二年）に長崎海軍伝習所の第一期伝習生となり、その後、軍艦操練教授方、同頭取出役を務めたが、病弱のため辞職した。だが、伝習所の一期後輩になる榎本釜次郎（武揚）がオランダから軍艦開陽丸に乗って帰国したのを機に復帰し、同艦機関方（機関長）になった。

戊辰戦争が起こり、一八六八年（慶応四年）八月、二人の息子とともに榎本率いる艦隊に身を投じ品川沖を脱走、蝦夷地へ侵攻した。だが開陽丸が江差沖で座礁、沈没してからは箱館奉行並となり、千代ケ岱の守備に就いた。

三郎助は近づく決戦を前に、蟠竜丸の砲手を務める恒太郎、総裁付の英次郎を千代ケ岱に配置替えさせ、浦賀衆も全員を集めて決戦態制を整えた。中島隊と呼ばれるゆえんである。

榎本は三郎助の決意を感じ取り、このままでは中島家が途絶えると心配し、恒太郎だけでも残そうと五稜郭への転属を伝えたが、恒太郎は憤然として拒絶した。

榎本は、箱館近在から募集した兵を千代ケ岱へ送ろうとしたが、三郎助は固辞した。やむなく仙台藩額兵隊や士官隊などから一個小隊程度を選んで応援に出した。
三郎助は討ち死にを前に、数多くの便りを駿府に移住した妻子に送っている。三月三日付の便りには、次のように記されている。

我らこと多年の病身にて若死いたすべきのところ、はからずも四十九年の星霜を経しは天幸というべきか。此度いよいよ決戦、潔く討死と覚悟いたし候、与曾八（三郎助の三男、二歳）成長の後は、我が微衷を継て徳川家至大の御恩沢を忘却いたさず、往年忠勤を研ぐべきこと頼み入り候。

中島三郎助

千代ケ岱台場はいま市営陸上競技場と市営球場になっていて面影はないが、中島町には「最期地碑」があり、中島の町名が義に殉じた中島父子の心情を伝えている。
墓は父子の故郷の横須賀市東浦賀の東林寺墓所に立っている。奥のほうに三郎助の墓とその左手に英次郎の墓が並び、鉤の手の形で恒太郎の墓がある。父子で何事か語り合っているようにも見える。
戒名は函館の称名寺のものと、妻子の移住先の静岡市清水の妙慶寺のものである。

墓の話　妻に頼んだ絵入りの墓

三郎助の数多い便りのなかに、死んだら次のような墓を建て、埋葬してほしいと頼んだ文面がある。

一八六八年（明治元年）十月十日、箱館に向かう途中、宮古湾に立ち寄ったときに書いたもので、妻すずに宛てた最初の便りである。冒頭「現在は宮古にいて、二、三日のうちに蝦夷へ行く、定めし寒気強く、心配している」と書き、最後に、絵入りで次のように締めくくっている。

我等並び恒太郎、英次郎等万々うち死いたし候へハ、浦賀の寺へ墓石の通り御頼申候。先《まず》ハ幸便にまかせ早々。めでたくかしく。三郎助

時雨月十六日

お寿々殿

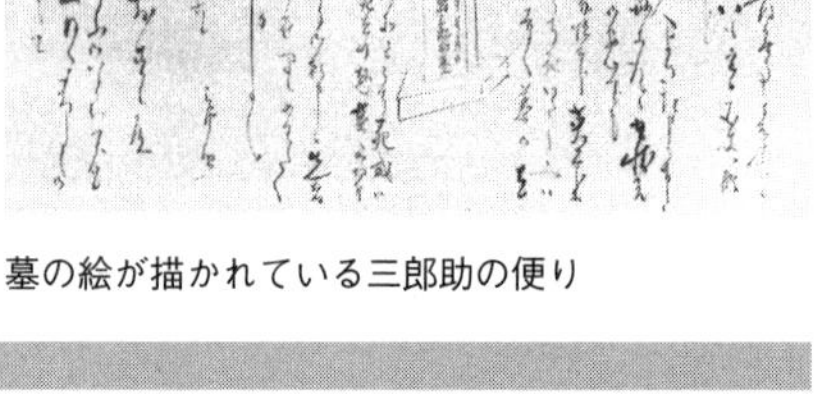

墓の絵が描かれている三郎助の便り

妻すずは三郎助らの死後、三郎助、恒太郎、英次郎の三人の墓を一基ずつ、浦賀の東林寺の墓所に建立した。

榎本釜次郎（武揚）　切腹の刀を素手で押さえられ

榎本釜次郎《えのもとかまじろう》（武揚《たけあき》）（蝦夷島臨時政権総裁）
戒名　擊海院殿維揚染川大居士
吉祥寺　東京都文京区本駒込三　ＪＲ山手線駒込駅下車、徒歩三分
命日　一八六九年（明治二年）五月十六日（自殺未遂）、一九〇八年（明治四十一年）十月二十六日、七十三歳

榎本釜次郎（武揚）の墓（吉祥寺　東京都文京区本駒込）

箱館戦争が大詰めに迫り、蝦夷島臨時政権の終焉は目に見えていた。旧幕府脱走軍を率いてこれまで戦ってきた総裁榎本釜次郎（武揚）は、すでに死を覚悟していた。

一八六九年（明治二年）五月十六日、新政府軍から最後の総攻撃が伝えられ、参謀黒田了介（清隆）から、榎本が兵火に焼くのは忍びないとして贈った『万国海津全書』（フランス原書をオランダ語に訳した写本）に対する返礼として、酒五樽と鮪《まぐろ》五尾が届けられた。その夜、五稜郭庁舎の広間に集まった将兵たちは今生の別れと心に決め、この酒を飲んだ。

榎本は自室に戻ると、南に向かって正座し、伏し拝んでから軍服のチョッキを開き、前に置いてあった短刀を手に取り腹に突き刺そうとした。そのとき、近習の大塚霍之丞が飛び込んできて、短刀を奪おうと右手で握った。

榎本が「放せっ」と怒鳴りながら刀を引こうとしたが、霍之丞は放さない。握った右手から血がしたたり落ちた。騒ぎを聞いて将兵たちが駆けつけ、榎本の手を押さえ、霍之丞の右手の指を一本一本開いて短刀を取り上げた。指は切られてだらりとぶら下がった。

榎本釜次郎

榎本はその夜、眠れぬ一夜を過ごした。戦いの責任を取るには死しかないが、死んでも残された将兵の罪は消えない。降伏して罪をわが身に背負い、将兵たちの許しを請うのが道ではないか、と思い直した。

翌朝、榎本は、全軍を五稜郭庁舎前の広場に集め、これまでともに戦ってくれたことに感謝し、ついに降伏するに至った経過を告げ、「自ら官軍に出頭して、将兵の助命を嘆願するつもりだ」と述べた。一瞬、沈痛な空気が流れ、やがて男たちの泣き声に変わった。

黒田と榎本の会見がその日おこなわれ、首謀者は政府陣営に出頭する、五稜郭を開城する、政府軍は砲撃を中止するというごく簡単な条件で講和が成立。これに基づいて十八日、五稜郭は開城になり、戊辰戦争最後の戦い、箱館戦争は終わった。

榎本たち首脳は、細川藩士らに護送されて箱館から汽船で青森へ渡り、駕籠で東京へ送られた。

政府内部では、最後まで政府軍に反抗した賊軍の首領は斬首すべきという意向が強かったが、黒田だけは反対した。最後の処置を決める会議には頭を剃って出席し、「この頭に免じて、許してくだされ」と頭を下げた。敵将ではあるが、これからの日本になくてはならない人材、と見込んだのである。結局、榎本は助命になった。

一八七二年（明治五年）一月六日、榎本は出獄し、親戚預かりとなった。開拓使の次官の要職に就いていた黒田は、放免を待って榎本を開拓使四等出仕として招いた。榎本は北海道開拓に携わり、すぐ中判官に昇進するが、七四年（明治七年）には海軍中将兼特命全権公使としてロシアに駐在し、翌年、樺太千島交換条約の締結にこぎつける。その後、海軍卿になり、特命公使として清国に駐在、同八五年（明治十八年）、天津条約締結に関わった。

帰国して通信大臣になり、黒田が第二代総理になった翌年の一八八九年（明治二十二年）に文部大臣に、さらに枢密院顧問官、外務大臣、農商務大臣など重要ポストを歴任した。

榎本は「転向者」のレッテルを貼られ、福沢諭吉は「瘠我慢の説」（『明治十年丁丑公論・瘠我慢の説』、時事新報社、一九〇一年）のなかで鋭く批判した。だが榎本は一言も弁解しなかった。

榎本が病にかかり亡くなったのは黒田の死から八年後の一九〇八年（明治四十一年）十月二十六日。七十三歳だった。

墓は東京都文京区本駒込の吉祥寺墓所にある。正面に「海軍中将子爵榎本武揚墓」と刻まれている。隣に妻多津の墓が並んでいる。多津はオランダ留学でともに学んだ林研海の妹である。同寺には榎本が留学時代にオランダ文字を揮毫した書が現存する。

萱野権兵衛　会津戦争の責任負い死ぬ

萱野権兵衛《かやのごんべえ》（会津藩家老）

萱野権兵衛の墓（興禅寺　東京都港区白金）

萱野権兵衛の墓（天寧寺萱野家墓所　福島県会津若松市東山町）

戒名　報国院殿公道了忠居士

天寧寺の萱野家墓所　福島県会津若松市東山町　ＪＲ磐越西線会津若松駅前からバス、奴郎ケ前下車、徒歩十五分

興禅寺　東京都港区白金六　ＪＲ山手線渋谷駅前からバス、北里研究所前下車、徒歩五分

命日　一八六九年（明治二年）五月十八日、四十歳

一八六八年（明治元年）九月二十二日、会津藩の居城である会津鶴ケ城は、一カ月の籠城戦の末ついに白旗掲げて落城した。藩主松平容保、喜徳父子はその日のうちに城を出て、城下の滝沢村の妙国寺に入り、謹慎した。

家老萱野権兵衛はじめ重臣たちは「主君父子に代わり、何とぞわれわれを厳罰に処していただきたい」と新政府に助命嘆願書を提出した。

十月に入り新政府から呼び出しがあり、藩主父子と家老の萱野権兵衛、梶原平馬、内藤介右衛門、手代木直右衛門、秋月悌次郎らは、護衛されて東京へ上った。一行は二手に分けられ、容保以下は因幡藩邸へ、喜徳以下は久留米藩邸へ預けられ、謹慎になった。権兵衛は喜徳に従った。

萱野権兵衛

暮れになり新政府は「藩主父子の死一等を減じて永のお預け」とし、代わりに「会津藩の反逆首謀者三人を差し出せ」と伝えてきた。家老の席順からいえば田中土佐、西郷頼母、神保内蔵助となるべきだったが、田中と神保はすでに戦いの責任を取って自決、西郷は城を出て行方がわからなくなっていた。そこで会津藩は四番目の権兵衛と、亡き田中、神保の三人の名を挙げて新政府に届け出た。

一八六九年（明治二年）五月十四日、新政府軍務官は久留米藩有馬邸に対し、謹慎中の萱野権兵衛を「会津戦争の責任者として斬首せよ」と命じた。検使も差し向けないのは、責任を権兵衛一人に押し付けて決着させるもので、名目は斬首でも切腹を黙認していた。

処刑は五月十八日、飯野藩保科家別邸と決まった。この朝、権兵衛が駕籠で有馬邸を出ようとすると、有馬家の家臣が近寄り、会津藩主父子は隠居し、幼少の容大をもってお家再興が内々に決まったと伝え、最期に残す言葉はないか、と尋ねた。権兵衛は「何もない」と答え、感謝の言葉を述べて出立した。

駕籠が広尾の保科家別邸に着くと、会津藩家老の梶原平馬と山川大蔵が待っていて、主君容保と義姉照姫の書状を権兵衛に手渡した。これを読んだ権兵衛は感涙にむせんだ。

権兵衛は静かに切腹の座につくと、短刀を腹に突き立てた。その瞬間、介錯人の剣が鋭く走った。介錯人はその最期を「従容自若、顔色豪も変えず」と記している。

権兵衛の墓は東京都港区の興禅寺の墓所にあり、「萱野長修之墓」と刻まれている。長修は諱である。

会津若松市の阿弥陀寺境内に立つ忠節碑に詣で、同寺にある権兵衛の木像を拝顔してから、夕闇が深まりだすなか、天寧寺墓所の先塋地を訪ねた。山道をたどるとやがて萱野家の墓所に着く。代々権兵衛を名乗ったので、どの墓も権兵衛の後に本名か諱、または戒名が刻まれている。「権兵衛長修」の墓はやっと見つかった。暗いうえに、墓石の表面がかなり磨滅しているが、かろうじて「報国院殿公道了忠居士」と読める。並んで妻の戒名が刻まれていた。

墓所の入り口そばに「郡長正《こおりながまさ》の墓」があった。長正は権兵衛の次男である。萱野家は権兵衛の死後、萱野の姓をはばかり、妻の実家の郡の姓を用いて東京・外桜田に移り住んだ。乙彦は郡長正の名で一八六九年（明治二年）暮れ、十六歳のとき、福岡の小笠原藩の好意で同藩の育徳館に学んだ。まだ少年だった長正は母宛てに「ここの食べ物がまずい」と便りを書くが、それを小笠原藩の子弟に見られ、会津の者は食べ物のことで文句を言うのか、と笑われた。長正は、会津藩の名誉を汚したとして七二年（明治五年）五月一日、割腹自殺した。

二つの墓を見つめながら、会津士魂のすさまじさに身が震えた。

第7章　士族の反乱

大村益次郎　風呂桶に潜り、危機逃れたが

大村益《おおむらます》次郎《じろう》（明治政府兵部大輔）
大村神社（大村益次郎を祭神とする）　山口市鋳銭司　JR山陽本線四辻駅下車、徒歩二十分
墓　大村神社から徒歩五分の山腹にある
京都霊山護国神社境内墓地　JR東海道本線京都駅から市バス、東山安井下車、徒歩十二分
竜海寺　大阪市北区同心一

大村兵部大輔埋腿骨之地（竜海寺　大阪市北区）

JR東西線南森町駅下車、徒歩七分
命日　一八六九年（明治二年）十一月五日、四十五歳

大村益次郎の墓（山口市鋳銭司）

一八六九年（明治二年）九月四日午後六時ごろ、明治新政府の陸・海軍最高責任者である兵部大輔の大村益次郎は、京都・木屋町二条下ルの長州藩控屋敷の二階四畳半の部屋で、訪れた加賀藩出身の英学教授安達華之介らと豆腐の鍋を囲んでいた。

そこへ二人の男がやってきて、若党の山田善次郎に「先生にお目にかかりたい」と告げた。益次郎が「もう遅いから、またの機会に」と答えたので、その旨を伝えると、男はやにわに山田の背後から斬り付けた。山田は即死。

二人の男はそのまま階段を駆け上がり、益次郎の頭上から斬り下ろした。益次郎はとっさに刀を

手にしようとして右膝の関節を深々と斬られた。もたれた体の重みで襖が倒れて行燈が消え、真っ暗になった。益次郎は負傷した右足を引きずりながら階下に逃れた。

安達らも暗闇に紛れて二階から外に飛び降りたが、そこに刺客が待ち受けていて、斬られた。安達は益次郎に顔立ちがよく似ていたので、見間違えたらしい。

大村益次郎

益次郎は這いずりながら浴室の風呂桶に入り込み、蓋を閉めて隠れ、一命を取りとめた。だが汚れた湯に長くつかっていたため、傷口に黴菌が入って膿みだし、戸板に乗せて大坂の病院へ運ばれた。蘭医ボードインは、すぐに手術するように勧めたが、政府高官なので許可を取るのに手間取り、十月二十七日になって膿んだ右足を切断手術した。しかしすでに手遅れで、十一月五日午後七時、苦悶の末に亡くなった。

遺体は故郷の周防へ運ばれ、十一月二十日、葬儀がおこなわれた。切断された右足は、遺言によって大阪・天満の竜海寺にある恩師の蘭学者緒方洪庵の墓の隣に埋葬された。

益次郎を襲ったのは長州、秋田、三河の藩士と、白河藩や越後郷士出身の軍人、信濃の郷士ら八人で、団伸二郎、金輪五郎、関島金十郎、五十嵐伊織、太田光太郎の五人は逮捕されたが、ほかは行方をくらました。

斬奸状から、益次郎の欧化政策への反感が原因とわかった。横井小楠のときと同様、刺客団に対して助命論が出たが、そのなかには弾正台（検察、警察組織）の役人が多数含まれていた。

裁判が開かれ、犯人全員に「斬首の上梟首」が言い渡された。だが処刑の寸前、弾正台から手続きに不服があるとして中止が伝えられ、取りやめになった。これが政治問題化し、薩摩出身の海江田弾正台大忠（局長級）らが欧化思想に反対して刑の執行を妨害したことが判明。改めて十二月二十九日、刑が執行された。海江田らは謹慎処分になった。

益次郎は長州（萩）生まれ。家は代々医者。村田蔵六と名乗っていたころ、緒方洪庵のもとで蘭学を学び、その間に兵学も修めた。宇和島藩に招かれ蘭学、兵学を教えた。そののち幕府の蕃所調所教授になり、長州藩に抱えられ兵学を教えた。

一八六八年（慶応四年）二月、維新政府に出仕して軍政事務を担い、上野の彰義隊を討伐し、奥羽戦争と箱館戦争にも従軍した。兵部省の新設とともに兵部大輔になり、兵制改革に取り組んだ。だが過激派士族たちから藩兵の存在が危うくなるとして怨みを買った。

益次郎が襲われたあたりはすっかり変貌した。京都市御池上ルの高瀬川沿いに遭難碑が立っているだけである。益次郎を祭神とする大村神社は山口市鋳銭司河原にあり、近くの鋳銭司郷土館には益次郎に関する資料が陳列されている。そこから五分ほど山道を行くと、広い敷地に門柱と石段つきの立派な墓が、夫人の墓と並んで鎮座している。

京都市の霊山護国神社墓地には「大村君之神霊」と刻まれた墓がある。大阪市北区の竜海寺の墓所には、切断された右足を埋葬する墓が緒方洪庵の墓と並んで立っている。「大村兵部大輔埋腿骨之地」と刻まれていて、埋腿骨の文字に痛々しさを覚えた。

雲井龍雄　政府転覆を計画して斬首

雲井龍雄《くもいたつお》（旧米沢藩士）

雲井龍雄の墓（常安寺　山形県米沢市城南）

雲井龍雄の墓（小塚原回向院・延命寺　東京都荒川区南千住）

戒名　義雄院傑心常英居士

常安寺　山形県米沢市城南五　ＪＲ米坂線南米沢駅下車、徒歩十五分

小塚原回向院・延命寺　東京都荒川区南千住五　地下鉄日比谷線・ＪＲ常磐線南千住駅下車、徒歩二分

命日　一八七〇年（明治三年）十二月二十六日、二十七歳

一八六八年（慶応四年）一月、戊辰戦争が始まり、幕府軍に付いた米沢藩士の雲井龍雄は、藩命によって江戸警備に出かけたり、京都藩邸に出府して薩長軍の動向を探索するなど、小柄な体でよく動き回った。

中島家に生まれ、十八歳で小島家の養子になった龍雄は、少年時代から詩作に励み、天才的詩人とうたわれた。「討薩檄」は陣中の作といわれ、幕軍の兵士らを大いに奮い立たせた。だが朝敵とされた幕軍は、戦いに敗れた。

やがて新政府ができて御一新がうたわれたが、政府の中身は薩長中心の露骨な藩閥体制に見えた。東京に出た龍雄は怒りで全身が震えた。「唯須痛飲酔自寛」と詠み、酒で憂さを晴らしながら、反政府批判を続けた。

一八七〇年（明治三年）二月、龍雄は芝二本榎の上行寺と円真寺を借りて「帰順部曲点検所」を設け、同志を政府軍に送り込み、内部から蜂起させて政府を覆そうと画策した。それを知って血気にはやる同調者が集まってきた。

雲井龍雄

この動きに疑惑をもった政府が、龍雄を謹慎させ取り調べたところ、大がかりな政府転覆の陰謀が明らかになった。龍雄が逮捕直前に連判状を焼き捨てたので難を免れた者も多かったが、それでも龍雄を含めて十一人が斬首される大事件に発展した。新しい時代が始まったばかりだけに、人々は震え上がった。

その年の暮れ、処刑が迫ったのを知った龍雄は、東京・小伝馬町の牢獄で獄吏から筆と墨を借りて、最期の詩を揮毫した。

死して死を畏れず　生きて生を偸《たのし》まず　思児の大節　光日と争う
道いやしくも直《なお》くんば　鼎烹《ていほう》を憚《はばか》らず
渺《びょう》然《ぜん》たる一身　万里の長城

十二月二十六日、呼び出されて獄舎を出た龍雄は、評定所の役人から「政府転覆を計画した罪により、斬首のうえ梟首」と言い渡された。聞き終えた龍雄は「ああ余が策をして成らしめば、政体、更むべし。奸臣斬るべし。而して今や皆已む。あに天にあらずや」と嘆じた。

牢獄内の刑場に引き出された龍雄は左右を一瞥し、「これも天命だろう」と言って平然と笑い、その座につき、首を討たれた。討った山田浅右衛門はそのときの模様を、「泰然自若とした姿は、ただ敬服の他なかった」と述べている。

首は小塚原に梟首され、のちに近くの回向院に葬られた。胴体は大学東校（のちの東京大学）に送られ、医学の解剖実験に使われた。医師石黒忠悳は『懐旧九十年』（博文館、一九三六年）のなかに、「初めて交付された刑死者の死体は首がなかったのでよく記憶している」と書いている。

龍雄の墓は二つある。一つは山形県米沢市城南の常安寺にあり、「雲井龍雄之墓」と記された背が高い石柱のそばに、端然と佇んでいる。邸宅跡には「憂国志士雲井龍雄遺跡」の碑がある。

もう一つの墓は東京都荒川区南千住の処刑場跡に立つ小塚原回向院・延命寺の墓所にある。壁を背にした近世の角碑型の墓石に、大きな文字で「雲井龍雄遺□」と刻まれていて、いちばん下の文字が欠けていて読めない。頭が草かんむりに見えるので「遺芳」とでも記したのだろうか。遺芳は死者の筆跡を意味する。だとしたら詩人の墓にふさわしい。

すぐそばに吉田松陰や橋本左内の墓、桜田門外の変で大老井伊直弼を襲い落命した水戸脱藩士の墓碑が並んでいて、参詣者が絶えない。

広沢真臣　眠ったまま惨殺される

広沢真臣《ひろさわまさおみ》（明治政府参議）
東京都世田谷区若林四　松陰神社外西側に。
東急世田谷線松陰神社前駅下車、徒歩八分
命日　一八七一年（明治四年）一月九日、
三十九歳

広沢真臣の墓（東京都世田谷区若林）

一八七一年（明治四年）一月九日午前二時四十分ごろ、東京府麴町富士見町、明治政府参議広沢真臣邸の奥座敷縁側に男が近づき、雨戸をはずして侵入した。

賊は障子に舌で穴を空けてなかの様子をうかがい、広沢が女と熟睡しているのを確認すると、刀を抜いて部屋に入り、いきなり広沢の顔面に斬り付けた。広沢はこの一太刀で重傷を負い、身動きできなくなった。

同衾していた妾の福井かねが驚いて飛び起きたとき、額に軽い刀傷を負った。賊はかねを「声を立てたら命がないぞ」と脅し、細引きで後ろ手に縛り、手拭いで口をふさいで柱に縛り付けてから、ぐったりしている広沢に気味が悪い笑い声を浴びせながら、再び太刀で何度も斬り刻んだ。

賊は広沢が絶命したのを確かめてから、かねの細引きを解き、「金を出せ」と迫った。かねは奥の間に案内すると見せかけて身を隠したので、賊は何も取らずに逃走した。

家人の知らせで弾正台の渡辺昇大忠以下が現場に急行して検視した結果、広沢の傷は十三カ所にのぼり、うち喉に突き傷が三カ所あり、そのうちの一つが致命傷とわかった。

かねが目撃した犯人は、調書によると年齢三十歳近く、小柄で痩せていて、色白、鼻が高く、眉濃く、少し垂れ目、歯並び普通、言葉は肥後風、と記録されている。付近に残っていた足跡を調べたところ九文七分（二十三・三センチ）で、まさに小男と判断できた。

広沢真臣

障子の穴は二つあって、賊が舌でなめて空けたものと推定された。だがかねは、ほかに誰かいたように思うと述べ、犯人の数ははっきりしなかった。

広沢は長州藩士で、維新後に明治政府の参議となり、民部省御用掛と東京府御用掛を兼務し、木戸孝允と並ぶ長州派の大物といわれていただけに、世間は騒然となった。

かねの申し立てによって犯人の人相書が作られ、全国に配付された。ところがかねは、刑部省の取り調べで、「あのときに述べたのは偽りです。何も覚えていません。でも知らないと言ったら、どんなお咎めがあるかと思ったので」と前言をひるがえした。

かねは家令（家事管理人）起田正一と密通しているとの噂があったので、まずかねと起田に嫌疑がかかり、逮捕された。厳しい拷問のあげく、かねはいったん犯行を自供したが、すぐに自供は嘘だと言い、結局、二人は五年後に証拠不十分で釈放された。

捜査は思うように進まず、憂慮した明治天皇は二月二十五日、異例の詔勅を発した。

> 故参議広沢真臣変ニ遭ヤ、朕既ニ大臣ヲ保庇スル事能《あた》ハス。又其賊ヲ逃逸《とういつ》ス。抑《そもそ》モ維新ヨリ以来、大臣ノ害ニ罹ル者三人ニ及ヘリ。朕甚タ焉《えん》ヲ憾《うら》ム。其天下ニ令シ厳ニ探索セサシメ、賊ノ必獲ヲ期セヨ。

「大臣ノ害ニ罹ル者三人ニ及ヘリ」とは横井小楠、大村益次郎、そして広沢真臣を指している。

権大警視安藤則命らは、詔勅の写しを懐に犯人の行方を追ったといわれ、次々に八十数人の容疑者を逮捕したが、いずれも真犯人と断定することができなかった。

広沢は同じ長州出身の木戸孝允と薩摩出身の大久保利通をはさんで対立していて、木戸が陰で企んだとする犯行説まで出た。政界のトラブルが原因か、単なる痴情によるものなのか、永遠の謎になった。

広沢の墓は東京都世田谷区の松陰神社の外西側にある。ちょっとわかりづらい場所だが、墓所を石柱で囲い、石段を施した見るからに立派な墓で、無残な最期を思わせるものはどこにもない。

山城屋和助　借金返済できず、割腹

山城屋和助《やましろやわすけ》（政商）
戒名　盛泰院興誉隆生居士
久保山墓地　神奈川県横浜市西区元久保町　ＪＲ根岸線桜木町駅前からバス、久保山霊堂前下車、徒歩四分

山城屋和助の墓（久保山墓地　神奈川県横浜市西区元久保町）

山城屋和助の墓（西方寺　東京都杉並区梅里）

西方寺　東京都杉並区梅里一　ＪＲ中央線高円寺駅下車、徒歩十五分
命日　一八七二年（明治五年）十一月二十九日、三十七歳

一八七二年（明治五年）十一月二十九日、政府御用商人山城屋和助は陸軍省に出頭した。あと三日でこれまでの旧暦が新暦（太陽暦）に変わり、十二月三日が七三年（明治六年）元日になる。年末までの期限付きで借りた大金の返済日が迫っていた。

和助は陸軍省の玄関先にある応接室に入り、机の上に恋人のフランス人女性の写真を置くと、懐から短刀を取り出し、腹に突き刺してそのまま右へ引き裂き、崩れ落ちた。騒ぎを聞いて兵士たちが駆けつけたとき、和助は血まみれになって絶命していた。

新聞はこう報じた。「府下巨商山城屋和助、陸軍商借金負債の事に差迫り、同省に於て一封の書面を遺しおき、潔く自尽を遂げたり」

和助の本名は野村三千三《みちぞう》。周防国（山口県）本郷村に生まれ、幼くして両親を亡くし、寺に預けられたが、のちに還俗して長州藩の奇兵隊に入り、軍監山県狂介（有朋）の知遇を得、戊辰戦争に従軍し、各地を転戦した。

維新後、横浜に出て山城屋和助と改め、山県との縁故を頼りに兵部省（のちの陸軍省）の御用商人となり、莫大な利益を上げた。だが生糸相場に手を出して失敗し、山県に取り入って軍公用金五十万円を借り、なおも相場に突っ込み失敗した。

和助は山県からさらに十四万九千円を借りた。返済期限は一八七二年（明治五年）十二月末日。

和助はこれを懐に七一年（明治四年）十二月、フランス・パリへ赴き、恋仲になったフランス人女性と連日連夜、豪遊を続けた。これが日本大使館などの疑惑を呼ぶことになる。

日本国内でも陸軍省の不正融資に対する疑いが強まり、司法卿江藤新平によって調査が進められた。山県は陸軍大輔兼近衛都督だったが、薩摩出身者が多数を占める近衛将校らが山県を激しく非難したため、一八七二年（明治五年）七月、近衛都督を辞任した。

山県は和助をパリから呼び戻し、船越衛陸軍大丞らに取り調べを命じるかたわら、公金の返済を迫った。だが和助には返す能力はなかった。折しも旧暦から新暦に改まる時期と重なった。和助は関係書類をすべて焼却した後、陸軍省に赴き、一死をもって士魂と商魂を貫いたのだった。

和助の辞世を掲げる。

ほまれある　越路の雪と消ゆる身を　ながらえてこそ耻《はずか》しきかな

山城屋和助

和助の死で事件の真相はうやむやになったが、山県は翌年、陸軍大輔を辞任した。
和助の墓は横浜市西区元久保町の久保山墓地にあるというので、墓地管理事務所に問い合わせたが、この名では見つからないという。死亡日と照らして「本郷和助」となっているのを確認した。このあたりは江戸時代から寺が多く、山一帯が墓地になっている。目的の墓は高い位置にあり、墓地全体を見渡すことができる。大きな自然石の墓の正面に「山しろや和介墓」と刻まれていた。

管理事務所に届けた氏名の違いもさることながら、墓に記された漢字と平仮名交じりの姓、助が介となった名を見ながら、死してなお己を隠さなければならない波瀾の生涯に、複雑な感慨があふれた。

和助の墓はもう一つ、東京都杉並区梅里の西方寺にある。正面に本名の「野村三千三之霊表」、側面に「明治五年壬申之晩冬十一月廿九日没」と刻まれている。その左側の小さな墓に「在室勝五郎之墓」とあり、使用人の左官、勝五郎が和助の死の二日後に後追い自殺したのを知った。

墓の話 「十一月三十一日」の日付の謎

西方寺の山城屋和助の墓のそばに佇む「在室勝五郎之墓」。側面に「明治五年壬申十一月三十一日　三十九歳没」と刻まれている。この月に三十一日という日は太陰暦にも、太陽暦にも存在しない。ではなぜ、こうなったのか。理由はその死亡日が、暦の改まる時期にぶつかったからにほかならない。

改暦になったのは一八七二年(明治五年)十二月三日で、この日が七三年(明治六年)一月一日になった。これによって日常生活はひどく混乱した。十二月はわずか二日しかなく、年末の慌ただしさもないままに、新しい年を迎えたのだ。ここで問題になったのが官員の十二月分の月給。政府は十一月二十三日、太政官布告第三百五十九号を出し、十二月の二日分を支給しない方針を決めた。そのときの文面が残っている。「今般御改暦ニ付テハ、来ル十二月朔日、二日の両日、今十一月卅日、卅一日ト被定候条此旨相達候事」。つまりこの年だけ、十一月に三十日と三十一日を設けたのである。

ところが政府は翌日、一転して布告の取り消しを布達した。「御布告御詮議之次第有之、御取消相成候条、右御布告書返却可有之候成」

政府内部がよほど混乱しただろうことがうかがえる。こうして「幻の日」は、一瞬のうちに消滅した。

だが助五郎の死は、山城屋を追う自殺であり、十一月三十一日でなければならなかったのだろう。改暦に従えば、一八七三年（明治六年）一月二日の死ということになり、後追いにしては間があきすぎていて、つじつまが合わなくなってしまうのだ。

岩倉具視　襲撃した犯人、全員死刑に

岩倉具視《いわくらともみ》（右大臣）

岩倉具視の墓（海晏寺　東京都品川区南品川）

戒名　友山
海晏寺　東京都品川区南品川五　京浜急行本線青物横町駅下車、徒歩五分
霊源寺　京都市左京区岩倉上蔵町の旧岩倉邸跡　地下鉄烏丸線北大路駅から市バス、岩倉実相院下車、徒歩三分、または比叡山電鉄岩倉駅下車、徒歩十五分

岩倉具視の墓（霊源寺　京都市左京区岩倉上蔵町）

襲撃された日　一八七四年（明治七年）一月十四日（未遂）
命日　一八八三年（明治十六年）七月二十日、五十九歳

一八七四年（明治七年）一月十四日午後八時ごろ、右大臣岩倉具視は馬車に乗り、宮中を退出し、帰途に就いた。東京・赤坂喰違見附に差しかかったところ、暗闇のなかから数人の刺客が現れ、いきなり襲いかかってきた。

驚いた馭者が鞭を入れようとしたとき、刺客の一人が斬りかかり、馭者は深手を負って草むらに転落した。刺客らは馬の足に斬り付けて動けなくなったのを見て、馬車の扉を何度も突き刺した。

岩倉は刀傷を受けながらも、扉を開けて草むらに飛び降り、土手から濠に転がり落ちた。そして濠の石垣につかまり、頭から羽織をかぶって震えながら息を潜めていた。刺客たちが「どこだ、どこへ行った」と探し回るうち、急を聞いて人々が駆けつけたので、そのまま逃げ去った。岩倉は右肩と右腰に軽い傷を受けただけですんだ。

岩倉具視

岩倉は維新の中心人物で、新政府の左大臣三条実美と並ぶ実力者だけに、新政府の衝撃は大きかった。

現場に下駄片方と手拭いが一本落ちていた。下駄を売った店から旧土佐藩士武市熊吉の名が割れ、逮捕した。武市は板垣退助の腹心の陸軍大尉だったが、板垣が征韓論で岩倉や大久保利通らと争って破れ、西郷隆盛、江藤新平らとともに下野したとき、辞職

していた。

警視庁は事件の背後に征韓論が潜んでいたら大事になると緊張した。この時期、板垣や江藤らは日本最初の政党である愛国公党を結成し、「民撰議院設立建白書」（一八七四年）を作成。これが自由民権運動の発端となり、大きなうねりを起こしていた。

警視庁は武市の逮捕をきっかけに、弟の喜久万をはじめ岩田正彦、下村義明ら全部で八人を逮捕して取り調べた。だが厳しい拷問にもかかわらず、背後関係どころか犯行さえも自供しなかった。八人は否認のまま法廷に立たされ、全員に死刑が言い渡された。殺人未遂でありながら極刑というのは常識では考えられない厳しすぎる判決である。

岩倉は、不徳の致すところとして辞表を提出したが、明治天皇は受理しなかった。

岩倉は公卿で、一八五八年（安政五年）、通商条約勅許問題が起こると、勅許はならずと建言し、攘夷の実行による公武合体を主張して将軍に攘夷を誓約させた。このため孝明天皇の怒りに触れ、辞官・蟄居を命じられ従ったが、陰で密かに同志や薩摩藩士らと交わった。

一八六七年（慶応三年）、孝明天皇が亡くなり罪が免じられると、参内して朝議をまとめ、王政復古の大号令を出させた。新政府の大納言、外務卿を務め、右大臣になると特命全権大使として欧米を視察するなど政治を主導した。

岩倉が病気で亡くなったのは事件から九年たった一八八三年（明治十六年）七月二十日。その死とともに正一位太政大臣が贈られた。皇族以外では初の国葬だった。

岩倉の墓は東京都品川区南品川の海晏寺の墓所にある。盛り土型の墓で、細長い墓石の正面に

「前右大臣従一位贈太政大臣正一位岩倉公之墓」と刻まれている。だが門扉がついていてなかに入ることはできない。

もう一つ、蟄居していた京都市左京区岩倉上蔵町の旧岩倉邸跡の霊源寺に遺髪碑があり、黒色系の大きな碑に墓誌が刻まれている。こちらも門扉に錠が施されている。明治維新を成し遂げた公卿にふさわしい構えだが、どこか暗い陰がつきまとうのはなぜだろう。

江藤新平　佐賀の乱の罪で晒し首に

江藤新平《えとうしんぺい》（佐賀「征韓党」党首）
本行寺　佐賀県佐賀市西田代一　JR長崎本線佐賀駅前からバス、西田代下車、徒歩一分
命日　一八七四年（明治七年）四月十三日、四十一歳

江藤新平の墓（本行寺　佐賀市西田代）

佐賀（肥前）藩士の江藤新平は、江戸開城とともに旧幕府の政治・財政に関わる諸帳簿類を押収

し、江戸軍監になると、岩倉具視に江戸遷都を建言した。一八六九年（明治二年）、藩の参政・権大参事から、明治政府に入って制度局取調掛になり、国政改革案をはじめ多くの改革案を起草した。また民法編纂にも関わり、中央集権化を進めた。

一八七二年（明治五年）、新設の文部大輔になり、左院副議長を務め、民法典編纂を担当した。続いて司法卿を務め、司法制度の確立に尽くした。

江藤新平

一八七三年（明治六年）四月には参議になったが、征韓論争に破れて西郷隆盛らとともに下野。翌七四年（明治七年）一月、民撰議院設立建白書に署名するなど議会政治に向けて動きだし、やがて第二の維新を目指す佐賀征韓党の党首になった。

佐賀に不穏の動きがあると睨んだ政府は、天皇の侍従を務めたこともある同じ佐賀出身の島義勇を鎮撫のため密かに派遣した。だが島は逆に藩制復活を願う同郷の者たちにうながされて憂国党を結成。江藤は島と会って、ここに肌合いが違う憂国と征韓の両党が結び付いた。

二月一日、佐賀の乱が勃発した。佐賀の役ともいう。内務卿大久保利通は何かにつけてじゃまな政敵江藤をたたきつぶす好機とみて征討軍を編成し、軍事・司法の全権を握って進撃した。征韓党、憂国党の軍勢はおよそ一万二千人に膨れ上がった。しかし政府軍の猛攻にあえなく敗れて散りぢりになり、江藤は鹿児島から高知へ逃れ、さらに徳島へ逃れる途中の三月二十七日、逮捕された。乱はあっさり鎮圧された。

江藤は、島らとともに四月八日、九日の二回、佐賀城内の臨時出張裁判所で裁判にかけられたが、裁判長は皮肉にも司法卿時代の書生だった司法権判事河野敏鎌だった。

十三日朝の裁判で、「除族の上梟首」と言い渡された江藤は、顔色を変え、「裁判長、私は……」と叫んだが、発言は止められ、獄吏に腕を取られ場外へ連れ去られた。最初から極刑と決めて臨んだまったくの暗黒裁判だった。

この事件で江藤をはじめ憂国党党首島義勇ら十三人が断罪となり、懲役・禁固刑は四百三人にのぼった。江藤は次の辞世を詠んだ。

ますらをの　涙を袖にしぼりつつ　迷ふ心はただ君が為め

その日の夕刻、佐賀城内に設けられた処刑場で処刑が始まった。江藤が下役に引かれて処刑場へ出ると、これから首を討たれる征韓党幹部の香月経五郎らが江藤を見て呼びかけ、最後の名残を惜しんだ。

江藤は筵を敷いただけの処刑の場に座ると、刑吏に島のことを尋ねた。刑吏がすでに処刑されたと伝えると、江藤は天を仰いで「唯皇天后土（この世で天地だけが）わが心を知るあるのみ」と三度高らかに唱えた。その瞬間、刀が振り下ろされ、首が飛んだ。

江藤の首は嘉瀬川堤の刑場へ運ばれ、晒し首にされた。首は写真撮影され、密かに販売された。

佐賀まで来て江藤の裁判に立ち会い、その最期を見届けた内務卿大久保利通の残忍極まる処置だった。江藤の梟首写真は現存する。

江藤の墓は佐賀県佐賀市西田代の本行寺の墓所にある。古びた墓石の真ん中に「江藤新平君墓　菅原種臣書」とあり、同志の副島種臣が書いたことがわかる。

処刑地跡の佐賀県立博物館前には「佐賀の役殉国十三烈士の碑」が、また同市水ケ江の万部島には「明治七年戦死諸君之碑」が立っている。佐賀の乱で戦死した人だけでなく、江藤ら処刑者も含めた鎮魂の碑である。

墓の話　「百災ことごとく去る」

江藤新平が最初に葬られたのは鍋島町の蓮成寺墓所である。新平の孫にあたる江藤冬雄『南白江藤新平実伝』（佐賀新聞社、二〇〇〇年）には、「南白の遺骸を棺に納め、佐賀城の北西約一里、江藤家の菩提寺、鍋島村木の角在、蓮成寺に運び、山門を潜ってすぐ左手、現在、三十六番神（三十番神の誤記か）を祀ってある所に鄭重に葬った」と記されている。南白は号である。

文中の神堂は現存するが、そこに埋葬したのではなく、仮安置してから本行寺の江藤家墓所に葬った、というのが事実のようだ。

佐賀人の江藤に対する信奉はきわめて厚く、「新平さんの墓に詣でると、百災ことごとく去る」といわれ、寂寥たる僻地にもかかわらず、大勢の人々が詰めかけた。佐賀県庁は柵を設けて参拝を禁止したが、暗くなるのを待って墓を訪れ、お参りする者が目立ったという。『佐賀市史』には「商人ハ寺内ニ菓子或ハ果物ノ店ヲ出シ寺中俄カニ繁盛セリ」とあるから、よほどにぎわったのだろうと推測できる。

蓮成寺から本行寺に改葬されたのは一八八一年（明治十四年）五月のことである。

村山可寿江　生き晒しの果てに

村山可寿江《むらやまかずえ》（長野義言〔主膳〕の妾）
戒名　清光院素省禅尼
圓光院　京都市左京区一乗寺小谷町十三
地下鉄烏丸線北大路駅から市バス、一乗寺下リ松町下車、徒歩十分
生き晒しにされた日　一八六二年（文久二年）十一月十四日
命日　一八七六年（明治九年）九月三十日、六十八歳

村山可寿江の墓（圓光院　京都市左京区一乗寺小谷町）

村山可寿江は、動乱の幕末期に波瀾の日々を送った女性である。幕府大老井伊直弼と、その部下である長野義言（主膳）の二人の男性に愛され、揺らぐ幕府の陰で女間諜として身を粉にして働いた。だが直弼が桜田門外の変で討たれ、義言も上意討ちにされると、有髪の尼になった可寿江に激しい報復が迫った。

一八六二年（文久二年）十一月十四日夜、京都の島原遊郭にほど近い隠れ家に、長州・土佐脱藩士ら二十人あまりが踏み込み、部屋で寝ていた可寿江の襟首をつかんで家から引きずり出した。息子の多田帯刀は不在だった。可寿江は三条河原に連行され、杭木に縛り付けられて生き晒しにされた。杭には罪状が記されていた。

此者長野主膳妾をいたし、戊午以来主膳の奸計を相助け、稀成《まれなる》大胆不敵の所業有之《これあり》赦《ゆる》すべからざる罪科に候得共、その身女子の為を以て死罪一等を減じ

このとき、可寿江は五十四歳。引っ立てた土佐脱藩士依岡珍麿は「色の白い小柄で面長な、若いときはさぞかしと思われるほどの婆でありました」と回顧談を残している。女の生き晒しがあるというので見物人たちがどっと詰めかけたが、不思議に蔑みの言葉を吐いたり、乱暴をする者などはいなかったという。

翌日の夜、金閣寺の寺侍をしていた息子の帯刀がおびき出され、蹴上の刑場で首を討たれた。可寿江は生き晒しから釈放されると、剃髪して本当の尼になり、妙寿と改めて、京都一乗寺村南禅寺

の末寺、金福寺に住み込み、亡き人の菩提を弔った。

可寿江は本名たか。近江国多賀大社不動院別当を父に、塔頭般若院住職の妹を母に生まれた。神仏に仕える別当、住職の子だけに表沙汰にできず、村山家の養女に出された。十八歳で彦根藩十一代藩主井伊直亮の侍女として彦根城へ上がる。

二年足らずで城を辞して京都に行き、幼いころから仕込まれた三味線、舞踊、端唄などを芸妓たちに教える一方、座敷にも出た。ほどなく金閣寺住職の隠し妻になり男子を産むが、住職は体面を

村山可寿江

はばかり、可寿江と赤児に手切れ金をつけて寺侍多田一郎に譲った。この赤児が多田帯刀である。

可寿江は夫と子を置いて多賀大社般若院へ戻り、出入りの彦根藩士たちの世話をした。そのころ埋木舎にいた直弼が可寿江の噂を聞き、和歌を通じて交わるうちに深い仲になる。だが兄直亮の寵愛を受けたとされる六歳年上の離婚歴のある女性を側室にもできない。こんなとき、浪々の身の国学者長野義言（主膳）が般若院を訪れ、可寿江の勧めで埋木舎の直弼に会い、ここに奇妙な三角関係ができあがる。

一八四六年（弘化三年）、井伊家世子直元が亡くなり、藩主直亮は末弟の直弼を養子にした。四年後に直亮が亡くなり、直弼が藩主の座に就くと義言は取り立てられ京都在勤になった。

一八五八年（安政五年）四月、直弼は大老に就任した。折しも将軍継嗣問題と日米修好通商条約問題で幕府は揺れていた。義言と可寿江は京都にいて朝廷に取り入る一方、大老直弼の政治に反対する動きを徹底的に調べて弾圧した。〝安政の大獄〟である。

そうした経過をたどるなかで、可寿江は、大事な直弼、義言、そのうえ息子までも失ってしまう。絶望の淵から這い上がり、仏にすがる日々を送っていた可寿江が亡くなったのは一八七六年（明治九年）九月三十日。あの生き晒しから十四年の歳月が流れていた。

可寿江の墓は京都市左京区一乗寺小谷町の圓光院墓所にある。近世の方柱型の墓で、正面に「清光素省禅尼」と院を抜いて刻まれ、その背後に「たか女の墓」の表記が見える。彦根市の天寧寺境内には直弼の供養塔、義言の墓の近くに「たか女の碑」が立っている。

前原一誠　萩の乱で新政府に訴えようと

前原一誠《まえはらいっせい》（元長州藩士、元新政府兵部大輔）
弘法寺　山口県萩市土原三　JR山陰線東萩駅下車、徒歩十分
命日　一八七六年（明治九年）十二月三日、四十三歳

前原一誠の墓（中央）（弘法寺　山口県萩市土原）

前原一誠は長州（萩）藩士の佐世家の長男として生まれた。幼いとき、落馬したのが原因で身体に障害を負い、やむなく武技を捨てて写本に務めた。一八五七年（安政四年）、吉田松陰の松下村塾に入り、尊皇攘夷思想を学んだ。長崎に遊学して英学を修め、帰国して練兵場舎長となるが、六二年（文久二年）、脱藩して上京し、長井雅楽の暗殺を謀ったが果たせなかった。

翌一八六三年（文久三年）に右筆役になり、〝八月十八日の政変〟では七卿の御用掛を務めた。六四年（元治元年）、下関で外国の艦隊と戦い、高杉晋作と下関新地の会所を襲撃。長州の藩論を

尊皇倒幕に向けようと、同門の久坂玄端らと奔走した。前原家を相続したのはこのころである。六六年（慶応二年）の幕府・長州戦では、小倉口参謀心得として参戦した。

一八六八年（慶応四年）、戊辰戦争が起こると、一誠は北越征討軍の干城隊副総督として兵を率いて進撃し、その後、越後口総督となり、長岡城の攻略に戦功を立てた。

前原一誠

維新後は越後府判事になり、水害に悩む住民のために独断で年貢を減免する政策を施した。だが新政府に咎められ、その政治姿勢に疑問を抱いた。参議に転じ兵部大輔になったが、長州奇兵隊反乱の処分問題をめぐり薩摩の大久保利通や一誠と同じ長州の木戸孝允らと対立。怒った一誠は一八七〇年（明治三年）秋、病気と称して辞職、萩へ帰った。

維新の理想を打ち砕かれた士族たちの間で不満が高まり、廃刀令に憤激した熊本の神風連の乱、福岡の旧秋月藩士による秋月の乱が起こった。一八七六年（明治九年）十月二十七日、一誠はこれらに呼応してわずか百五十人の同志とともに蜂起した。萩の乱である。

一誠らは山口県庁を襲撃しようとしたが、広島鎮台が素早く動きだしたので身動きが取れないまま戦闘になった。一誠は勝ち目なしと判断し、脱出しようとして十一月六日、幹部や兵士らとともに島根の宇竜港で逮捕された。

一誠のこの日の日記に「ああ浮世ほどかなしきものはなかりけり」と記されている。

十二月三日、一誠らは萩の臨時裁判所で裁判にかけられたが、弁明することもないまま、「除族の上断罪申付る」と言い渡された。一誠の弟の山田顕太郎、それに佐世一清、奥平謙輔、横山俊彦、有福旬光、小倉信一、河野義一ら七人も断罪と決まった。

一誠らはその日のうちに萩の准円寺から刑場へ移された。木枯らしが吹きすさぶなか白羽二重の死装束で引き出された一誠は、検使の役人たちに挨拶し、処刑される仲間と静かに語り合い、最後の食事を取った後、日柳燕石『楠公の詩』をろうろうと吟じた。

八人が断首の座についた。一誠はあらかじめ依頼されていた書を一枚一枚丁寧に力を込めて揮毫した。斬首の役人が、「先生、時間も差し迫りました。もういい加減にしていただきたい」とせき立てた。だが一誠は動じず、「どうせお前に委ねた命じゃ。慌てるには及ばぬじゃろう」と言い、すべて書き終えた。

目隠しされた一誠は居住まいを正すと、「思い残すことはない。斬れ！」と叫んだ。刃が走り、一瞬、ゴボリ、という気味が悪い音がして首が落ちた。首斬り役人の刀はひどい鈍刀だった。以上は処刑を目撃した従軍少年兵、井上清介の回顧談による。

師の松陰が「才は久坂玄瑞に及ばず、識は高杉晋作に及ばざるも、その人物の完全なるは二子（氏）も及ばず」と評したほどの人物の、最期だった。

一誠の墓は山口県萩市土原の弘法寺の墓所に、妻の墓、実家の佐世家の墓と並んで立っている。近世の方柱形の墓石に「前原一誠墓」と刻まれている。夕闇が迫るなか、雨が、一誠の無念さと重なり合うように、激しくたたきつけていた。

佐川官兵衛　薩摩人に一太刀浴びせて

佐川官兵衛《さがわかんべえ》（警視隊小隊長、元会津藩家老）
阿弥陀寺　福島県会津若松市七日町四　官兵衛ら西南戦争で戦死した旧会津藩士六十九人を弔う。ＪＲ只見線七日町駅下車、徒歩二分
長福寺　福島県喜多方市岩月町大都　ＪＲ磐越線喜多方駅下車、タクシーで十五分
西南の役慰霊碑　熊本県長陽村鉢ノ久保　ＪＲ豊肥線立野駅下車、車で十分
命日　一八七七年（明治十年）三月十八日、四十七歳

佐川官兵衛らの墓（阿弥陀寺
福島県会津若松市七日町）

一八七七年（明治十年）二月、西南戦争が起こった。薩摩藩出身の大警視川路利良は直ちに第一次警視隊を熊本へ、第二次警視隊を豊後口へ出動させた。第二次隊は土佐藩出身の檜垣直枝少警視を隊長に、五個小隊で編成されていて、その豊後口第一小隊長が抜刀隊長、元会津藩家老の佐川官兵衛である。

官兵衛は身震いするほどの興奮を覚えた。戊辰の戦いで〝逆賊〟の汚名を着せられて屈辱の日々を送り、いま〝官軍〟として薩摩の西郷隆盛軍を攻めるのである。巡ってきたこの好機を逃すわけにはいかなかった。

大分に入った官兵衛は、西郷軍が阿蘇南部の要害、黒川に砦を構築中なのを知り、隊長の檜垣に対してすぐ攻撃すべきだと進言した。だが檜垣は敵の動きを恐れて動こうとしない。官兵衛の再三の進言にやっと重い腰を上げたときには、すでに西郷軍は強固な砦を築き上げていた。

三月十八日、官兵衛率いる抜刀隊は大分から熊本へ向かった。その途中、二重峠で西郷軍と衝突し、激しい白兵戦になり、戦いは七時間にも及んだ。

先頭に立って戦う官兵衛の前に、西郷軍主将で示現流の達人、釜田雄一郎が飛び出してきて一騎討ちを挑んだ。会津随一の剣の使い手の官兵衛は刀を抜き、鋭い気迫で釜田を追い詰め、斬り結んだ。と、そのとき、やぶ陰に潜んでいた西郷軍の狙撃兵が、いっせいに官兵衛を狙撃した。弾丸を食らった官兵衛は前のめりに倒れ、そのまま絶命した。

佐川官兵衛

この戦いの九年前、一八六八年（慶応四年）八月二十二日、新政府軍は一気に会津城下へ近づいた。家老に就任したばかりで日光口の守備を命じられた官兵衛は、千人の将兵を前に「臣誓って西兵を撃攘せん、若し不幸にして利あらずんば、再び入城して尊顔を拝せず」と決意を述べた。死を覚悟した藩兵らは「慶応四年戊辰年八月二十九日戦死」と書いた紙片を懐に、籠城中の鶴ケ城から出陣した。

だが新政府軍はすでに日光口に陣地を築いて待ち構えていて、いきなり銃弾を浴びせてきた。佐川隊は激しく応戦したが、敗れて退却した。官兵衛はその後も城外にいて戦いを続行し、攻めるときは先頭に立ち、退くときは殿《しんがり》となって勇猛に戦い、新政府軍から〝鬼官兵衛〟と恐れられた。鶴ケ城が落ちたのは籠城一カ月後の九月二十二日だった。

一八六九年（明治二年）、会津藩は家名再興を許されて、翌年、藩ぐるみで下北半島に移り、斗南藩を名乗った。だが同七一年（明治四年）七月の廃藩置県によって斗南藩は県になった。絶望した藩士や家族らは、故郷へ戻るか、ほかの土地へ移った。官兵衛も謹慎を解かれ会津に戻り、この世にもはや未練はないと、いっさいの要職から離れて暮らしていた。

この間に維新を成した雄藩に内部対立が起こり、薩摩の西郷隆盛、肥前の江藤新平らが野に下るなど騒然となった。警視庁はその対応策として巡査の増員に乗り出し、川路利良はかつて〝鬼官兵衛〟と恐れられた佐川に対して、旧藩士とともに奉職するよう要請した。官兵衛は、川路のひたむきな勧誘と、生活に苦しむ旧藩士の懇願に心動かされ、三百人の旧藩士を率いて奉職した。そして出陣した西南戦争で戦死したのだった。戦死者名簿に「豊後口警視隊長一等大警部、通称官兵衛、若松県士族」と記されている。

官兵衛の墓は、会津若松市七日町の阿弥陀寺の墓所にある。唐風笠付き型の大きな墓で、西南戦争で戦死した旧会津藩士六十九人が一緒に祭られている。福島県喜多方市岩月町大都の長福寺にも墓がある。「西南の役慰霊碑」が立つ熊本県長陽村の鉢ノ久保は、官兵衛のほか十八人の遺体が運ばれた場所で、これを墓とする研究者もいる。

和宮　政略結婚の犠牲となって

和宮《かずのみや》
増上寺　東京都港区芝公園　地下鉄三田線御成門駅・芝公園駅、浅草線大門駅下車、徒歩五分。ＪＲ山手線・京浜東北線浜松町駅下車、徒歩八分
命日　一八七七年（明治十年）九月二日、三十二歳

和宮の墓（増上寺　東京都港区芝公園）

皇女和宮は、父の仁孝天皇が死去した直後の一八四六年（弘化三年）に生まれた。母は権大納言橋本実久の娘経子。六歳のときに有栖川宮熾仁親王との婚約がまとまり、和宮は親子内親王と名乗り、橋本家を出て桂宮邸へ入った。

和宮

そのころ国内は、将軍後継嗣問題と日米修好通商条約調印の勅許問題がからんで紛糾していた。幕府の立て直しを狙う大老井伊直弼は〝安政の大獄〟を断行し、その一方で紀州藩主徳川慶福（家茂）を将軍後継と決め、対立する一橋派を処罰した。朝廷は幕府の違勅調印を詰問したが応じず、逆に朝廷に圧力をかけ、家茂の将軍宣下を実現させた。

そのうえ幕府は、異例ともいえる皇女和宮の降嫁工作に乗り出した。降嫁による公武合体を狙ったもので、朝廷方もまた、この政略結婚を機に政治の実権を握ろうとした。この間に井伊が暗殺され、威信失墜を恐れた幕府は、降嫁を急ごうと画策した。和宮は自分の結婚が、自分の知らないところで政治に利用されるのを知り、悔し涙を流した。

和宮が兄孝明天皇に宛てた文には「天下泰平の為、誠にいやいやの事、余儀なく御うけ申し上げ候」と書かれている。

和宮が婚約者と訣別し、将軍家茂に降嫁したのは一八六二年（文久二年）二月十一日。江戸へ向かう途中、次の歌を詠んだ。

落ちて行く身と知りながら紅葉ばの　人なつかしくこがれこそすれ

江戸城に入った和宮を家茂は大事にもてなし、夫婦仲は睦まじかった。だが前将軍家定の正室天璋院と折り合いが悪く、大奥の女性たちにもなじめなかった。

一八六六年（慶応二年）七月二十日、家茂が第二次長州征討のために出陣していた大坂城内で没した。柩は船で大坂から江戸・品川へ搬送され、九月六日、江戸城に入った。遺品九点のなかに西陣織一反が含まれていた。和宮から凱旋の際のみやげに、と所望されていたものだった。和宮は家茂を偲び、こう詠んだ。

空蟬《うつせみ》の唐織《からおり》ごろもなにかせむ　綾も錦も君ありてこそ

和宮が薙髪して孝明天皇から賜った「静寛院宮」を名乗ったのは同年十二月九日。ところがその月の二十五日に天皇までが死去。和宮は頼りをことごとく失い、呆然となった。

一八六八年（慶応四年）一月、戊辰戦争が起こり、幼い明治天皇を担いだ薩長側が〝官軍〟となり、徳川側は〝朝敵〟とされた。官軍の東征軍大総督はかつての婚約者の有栖川宮熾仁親王だった。戦火は奥羽から蝦夷地へ飛び、翌六九年（明治二年）五月、ようやく鎮まった。和宮は徳川の家名存続のために涙ぐましい努力を続けた。

一八七七年（明治十年）九月二日、和宮は脚気療養のため箱根塔之沢の環翠楼で湯治中、突然、衝心発作のため倒れ、そのまま死去した。あっという間の出来事だった。

小田原から箱根登山鉄道に乗り、塔之沢で下車。和宮の念持仏を祭る阿弥陀寺に詣でたあと、細い坂道をたどって環翠楼を訪ねた。建物は関東大震災で壊れたが、当時の面影を残している。

墓は東京都港区芝公園の増上寺の墓所にある。屋根をかぶせた中世の宝塔型の墓で、灯籠が置かれ、その横に「十四代将軍御正室　静寛院宮　皇女和宮」と記された標識が立っている。隣は夫の家茂の墓である。

政治の波に翻弄されながら、悲運の生涯を送らなければならなかった和宮は、いま夫と何を語り合っているのだろうか。そんな思いにふけりたくなるような静寂が漂っていた。

西郷隆盛「もうここらでよかろう」を最後に

西郷隆盛《さいごうたかもり》（元明治政府参議）
南州公園墓地　鹿児島県鹿児島市上竜尾町　ＪＲ鹿児島本線鹿児島駅前から市バス、馬場通下車、徒歩五分。西南戦争の戦死者を葬る
南州神社　西郷隆盛を祭神とする。南州公園墓地に隣接
命日　一八七七年（明治十年）九月二十四日、五十一歳

西郷隆盛の墓（南州公園墓地　鹿児島県鹿児島市上竜尾町）

一八七七年（明治十年）九月二十三日夜、西郷軍の総帥、西郷隆盛は明日の決戦を前に、最後まで残しておいた食糧、酒などすべてを城山を守備する二十四カ所の兵士二百人に分け与えた。岩崎谷の洞窟前では隆盛はじめ桐野利秋、村田新八、別府晋介ら四十余人が集まり、訣別の宴を開いた。将兵たちは夜遅くまで大いに飲み、食い、踊った。

翌二十四日午前四時、夜空がかすかに明けて三発の号砲が響き、これを合図に城山を包囲した五

万の政府軍の総攻撃が始まった。迎え撃つ西郷軍はわずかな弾薬を使って反撃した。だが堡塁は次々に陥落し、残るは岩崎谷の本営だけになった。

政府軍は岩崎谷を馬蹄形に取り巻き、集中砲火を浴びせた。午前七時、これが最期と覚悟した隆盛は、浅黄縞の単衣に黒の兵児帯を締め、紺の脚絆に足袋、木綿の草履を履いて肩輿に乗り、隊列を整えて東の谷口へ向け行進を始めた。

西郷隆盛

政府軍の銃砲弾が激しく飛び交い、何人かが斃れた。洞窟から二百メートルほど進んだとき、弾丸が隆盛の腹部と股を貫いた。隆盛は血に染まった体を揺すって肩輿を降り、路上に正座すると、別府晋介に向かって「もうここらでよかろう」と言い、東方に向かい拝礼し、首を差し延べた。別府が背後に回って大刀で首を斬り落とした。

総帥を失った桐野利秋ら残兵たちは絶叫しながら突撃を敢行し、全員、戦死した。

隆盛の首については諸説があるが、吉左衛門という老僕が密かに遺族に届けようとして包囲網を抜けることができず、岩崎谷入り口の溝のなかに隠した、というのが真相のようだ。

胴体は政府軍によって確認され、首も溝のなかから発見された。隆盛の後輩であり盟友の政府軍参軍（参謀）山県有朋は直立して迎え、生首を撫でて落涙したという。

その夜から赤い星が空にかかり、「西郷星」と呼ばれた。隆盛生存説も流れ、一八九一年（明治二十四年）、ロシア皇太子が来日するときにともに帰国するとの噂でもちきりだった。

隆盛は旧薩摩藩士。一八六四年（元治元年）、上洛して軍賦役・小納戸頭取となり、禁門の変では藩参謀として長州軍と戦った。六六年（慶応二年）、土佐脱藩士の坂本龍馬の仲介で長州藩の桂小五郎（木戸孝允）と倒幕の薩長盟約を結び、翌年には土佐藩の後藤象二郎と薩土同盟を結んだ。さらに公卿岩倉具視とともに倒幕の詔勅を画策した。

将軍慶喜が大政奉還し、続いて王政復古が発せられると、隆盛は諸藩兵を指揮して宮中を警備。一八六八年（慶応四年）一月、戊辰戦争が起こると、東征軍大総督府参謀として、徳川家（旧幕府）陸軍総裁勝安房（海舟）と会談し、江戸城を無血開城させた。

一八七一年（明治四年）、新政府の参議になったが、七三年（明治六年）、隆盛の朝鮮派遣が無期延期になったことで、病気を理由に辞職。副島種臣、後藤象二郎、江藤新平、板垣退助も辞職した。故郷へ帰った隆盛は、農耕や狩猟のかたわら私学校を設けて子弟を教育した。各地で政府反抗運動が高まり、隆盛の下に血気にはやる若者たちが結集してきた。

一八七七年（明治十年）二月十九日夜、私学校生徒が鹿児島の陸軍省火薬庫を襲撃したのをきっかけに、隆盛は士族・子弟一万五千人を率いて熊本城を攻め、西南戦争が勃発した。

鹿児島市城山の中腹に位置する隆盛が籠もった岩崎谷の洞窟を見てのち、上竜尾町の南州公園墓地を訪ねた。ここに西南戦争で戦死した二千人が眠っている。墓所の石段を登るとその中央に「西郷隆盛墓」と大きく刻まれた墓があり、それを囲むように桐野利秋や別府晋助らの墓が並んでいた。物音が途絶え、時間が停止しているかのように思えた。

第8章　維新の残り火

大久保利通　西郷信奉者の集団に襲われる

大久保利通《おおくぼとしみち》（明治政府参議兼内務卿）

大久保利通の墓（青山霊園　東京都港区青山）

大久保利通公哀悼碑（清水谷公園　東京都千代田区）

青山霊園　東京都港区青山二　地下鉄銀座線青山一丁目駅下車、徒歩八分

「大久保利通公哀悼碑」が犯行現場に近い東京都千代田区紀尾井町の清水谷公園に

命日　一八七八年（明治十一年）五月十四日、四十九歳

一八七八年（明治十一年）五月十四日朝、東京は薄曇りで、いまにも降りだしそうな空模様だった。明治政府参議兼内務卿大久保利通は、太政官でおこなわれる陸・海軍将校への勲章授与式に出席するため、二頭立ての馬車に乗り、霞が関の自宅を発った。

午前八時二十分ごろ、紀尾井町一番地の清水谷に差しかかったとき、突然、板囲いの辻便所から白シャツ姿の四人の男が抜刀しつつ走り出て、二頭の馬の足を横払いに斬った。驚いた馭者が慌てて飛び降りようとして、刺客の一人に肩から斬られて絶命した。

馬車が通り過ぎるのを見ていた二人の男が後ろから追い駆けてきて総勢六人になり、馬車をめがけて激しく斬り込んだ。利通は傷を負い、扉を開けて外へ出ようとして、前に立ちふさがった刺客に「無礼者めっ」と一喝した。

大久保利通

だが刺客は、ものも言わずに利通の眉間から斬り下ろし、倒れたところをいっせいに躍りかかり、ずたずたに斬り刻んだ。そのうえ短刀や脇差しを体に突き立て、喉にもとどめの刀を刺し、使った刀を馬車のなかや草むらに投げ捨てて逃走した。

馬車を先導していた馬丁が、紀尾井坂を登りきったところで襲撃を知り、宮内庁へ急報し、そこから赤坂門外の警視庁第三方面二分署に届けられた。

現場は惨憺たる有様で、警察官が駆けつけたとき、利通はどろどろの血の海で息絶えていた。調べたところ死体に五十カ所を超える傷があった。

刺客は首謀者の石川県士族島田一良をはじめ、同県士族の長連豪、杉村文一、杉本乙菊、同県平民脇田巧一、島根県士族浅井寿篤の六人で、犯行後、一通の建白書を懐に「ただいま、大久保参議を殺害したので、応分の処置を願いたい」と宮内庁に自首して出た。

一方この日午後三時ごろ、朝野新聞社の投書箱に斬奸状が届けられた。罫紙十三枚に罪状が記され、島田以下六人の連名で「本日、大久保利通を襲って暗殺するので、公開してほしい」と書かれていた。朝野新聞は警視庁に届けた後、斬奸状を掲載した。

「公儀ヲ杜絶シ民権ヲ抑圧シ、以テ政事ヲ私スル。其罪一ナリ」で始まるこの記事を見た政府は激怒し、「朝野新聞」を即日、十日間の発行停止にした。日刊新聞初の発刊停止処分である。他紙は内務卿死去の太政官通達を報じたにとどまった。

犯人の島田は元加賀藩士で、征韓論に共鳴し忠告社を結成した。だが隆盛の征韓論が利通らによって潰され、隆盛ら五参議が下野した。その後、士族の反乱が相次いで西南戦争まで起こり、隆盛を死なせたことに怒りを募らせ、犯行に及んだものとわかった。

斬奸状によると島田らが狙ったのは利通だけでなく、岩倉具視、三条実美、大隅重信、伊藤博文、黒田清隆、川路利良ら政府要人の名がずらりと挙げられていた。

警視庁は背後に大がかりな犯罪計画が潜んでいると睨み徹底的に追及したが、島田らはあくまで自分たちだけの犯行だと主張を変えなかった。

島田らは極刑を言い渡され、七月二十七日、市ヶ谷監獄で斬首された。

東京都千代田区紀尾井町一番地付近の地形は、いまもほとんど変わっていない。清水谷坂を下ってすぐ上りの紀尾井坂になり、ここで利通は襲われた。馬の速度が鈍るのを狙ったのだろう。その左手の清水谷公園に大きな「大久保利通公哀悼碑」が見える。

墓は東京都港区青山二の青山霊園にある。広大な敷地を墓所地図を頼りに第二号一種イの十五―十九側一番を探していくと、「贈右大臣正二位大久保公墓」と刻まれた背の高い墓石が、参詣者を見下ろすように立っていた。石垣が施された広い墓所の両側に石灯籠が置かれ、花がひっそりと供えられていた。

お伝　いとしい男の名を呼んで

高橋《たかはし》お伝《でん》（主婦）
戒名　栄伝信女
小塚原回向院　東京都荒川区南千住五　地下鉄日比谷線・ＪＲ常磐線南千住駅下車、徒歩二分
谷中霊園天王寺墓地　東京都台東区谷中七　ＪＲ山手線・京浜東北線・京成線日暮里駅下車、それぞれ徒歩七分

命日　一八七九年（明治十二年）一月三十一日、二十九歳

高橋お伝の墓（小塚原回向院　東京都荒川区南千住）

高橋お伝の墓（谷中霊園天王寺墓地　東京都台東区谷中）

〝毒婦お伝〟の異名をとった高橋お伝は、上州下牧村の農家の生まれ。成人して同郷の波之助を婿にしたが、波之助は重い病にかかっていた。村人に忌み嫌われて困惑した夫婦は、逃れるように故郷を飛び出し、江戸から名を変えたばかりの東京へ移り住んだ。

夫婦はその後、お伝の異母姉のかねがいる横浜に移り、波之助は医師の治療を受けるが、生活は苦しくなるばかりで、お伝は体を売って金を稼いだ。だが波之助は治療のかいもなく亡くなる。

お伝は何人かの男性と情を重ねるうち、遊び人の小川市太郎と知り合い、東京の麹町で世帯をもつ。市太郎は定職もなく酒とばくちに明け暮れる毎日だった。お伝は何とか立ち直らせようと夫を励まし、夫婦でお茶の売買に手を出す。

だが一八七六年（明治九年）七月、その商売が失敗して暮らしが逼迫する。そんなとき、いまは

亡き姉かねの夫で商人の後藤吉蔵が姿を現す。吉蔵に言い寄られてお伝は、つい体を許してしまう。八月二十七日、お伝は吉蔵を浅草蔵前の旅人宿に誘い、借金を頼み込んだ。暮らしを何とかしたい一心からだった。だが吉蔵は応じようとしない。お伝は眠っている吉蔵の喉を剃刀で斬り付けて殺し、財布から金を奪って逃げた。

お伝は二日後に逮捕された。だが取り調べでお伝は、吉蔵の妻である亡き姉かねの仇を討ったのだと主張。結局、裁判で死刑を言い渡された。

一八七九年（明治十二年）一月三十一日、白木綿で目隠しされたお伝は、東京・市ケ谷監獄の刑場に引き出された。三人の獄吏に両手と背中を押さえられて、首斬り場の穴近くまで来たとき、突然、「申し上げることがございます」と言い、身もだえしながら市太郎の名を口にした。

獄吏がかまわずお伝を押し出し、首斬り役の山田浅右衛門が一太刀浴びせたが、手元が狂って斬りそこね、三度目でようやくねじ斬った。

お伝

忠孝、貞節を教育の柱とする明治政府の教部省（現・文部科学省）は、この事件に着目した。お伝を極悪人に仕立て上げて、痴情の汚らわしさと貞節の大切さを説こうとしたのである。

教部省に依頼されて戯作者仮名垣魯文が書いた『高橋阿伝夜叉譚』（守川周重画、金松堂、一八七九年）は、内容が内容だけに大変な評判になり、夫が業病でさえなかったら平凡な農家の妻で過ごせたはずのお伝は、話に尾ひれがついて、世にも恐ろしい毒婦へと変わっていったのだった。

遺体はお伝が最後までその名を呼び続けた小川市太郎によって小塚原に葬られたが、三回忌に『高橋阿伝夜叉譚』を書いた仮名垣魯文によって、谷中天王寺に墓が建てられた。魯文にすれば、そうでもしなければ浮かばれまい、とでも思ったのかもしれない。

小塚原の回向院のお伝の墓は、ねずみ小僧次郎吉の墓と並んでいる。正面に「栄伝信女」と戒名が刻まれている。参詣者のなかに墓石を削り取っていく人がいるというので、以前に詣でたときは、墓ごとすっぽり金属の網がかぶせられていた。死んでもなお捕らわれの身に思えて哀れさを覚えたものだが、いまは取りはずされていて少なからず安堵した。

天王寺墓地の墓は自然石で「高橋お伝の墓」とあり、右側に辞世が刻まれている。

亡き人の　ために待ち得し時なれば　手向に咲きし　花とこそしれ

読んで、うまい、と感心した。でもこれ、仮名垣魯文が亡きお伝に謝まりながら、自戒を込めて作ったものかもしれないと、ふと考えた。

山岡鉄舟　江戸城開城の道筋つける

山岡鉄舟《やまおかてっしゅう》（鉄太郎《てつたろう》）（旧幕臣）
戒名　全生庵殿鉄舟高歩大居士
全生庵　東京都台東区谷中五　地下鉄千代田線千駄木駅下車、徒歩七分
命日　一八八八年（明治二十一年）七月十九日、五十三歳

山岡鉄舟（鉄太郎）の墓（全生庵　東京都台東区谷中）

一八六八年（慶応四年）三月九日、幕臣山岡鉄舟（鉄太郎）は、薩摩藩士益満休之助の案内で、駿府まで進軍してきた新政府の東征軍大総督の本陣を訪ねた。勝海舟の命を受け、江戸を戦火から守り、政権を無事に朝廷に引き渡そうという算段である。

身長六尺三寸（約一メートル九十センチ）、体重二十三貫（約九十キロ）の堂々たる体軀、真影流を極めた剣の達人の鉄舟が「朝敵徳川慶喜家来、山岡鉄舟、大総督府へ罷り通る」と蛮声を上げて入ってきたので、警備隊長らは呆然と見送った。

鉄舟と対面した総督府参謀の西郷吉之助（隆盛）も、体格では遜色がない。鉄舟は西郷に向かって「将軍慶喜は朝廷に対してひたすら恭順している」と述べ、海舟の書面を手渡した。そこには「徳川の君臣一致して恭順しているが、主君の意を解さぬ者もいて、何をするかわからないので、勝が鎮撫に尽力している。江戸城内には天皇の叔母の静寛院宮がおられるので、不測の事態だけは避けねばならぬ」と書かれていた。静寛院宮とは孝明天皇の妹で第十四代将軍家茂夫人の和宮である。

山岡鉄舟

鉄舟はさらに、「天子が無辜《むこ》の民を殺すはずがない。王師（天皇の軍隊）はこの際、理を明らかにして江戸攻撃を回避すべきだ」と訴えた。

西郷は大総督の裁断を仰いだうえで次のような降伏条件を示し、これを実行すれば、徳川家の存続もある、と示唆した。

一、江戸城を明け渡すこと。
一、城中の人数を向島へ移すこと。
一、兵器を引き渡すこと。
一、軍艦を引き渡すこと。

一、徳川慶喜を備前藩へ預けること。

鉄舟は、四条までは承知したが、最後の第五条だけは承服できかねると答えた。だが西郷は「朝命である」として譲らない。鉄舟は「貴殿が拙者と同じ立場だったら、朝命だからといって安閑としてはおられまい」と述べ、再考をうながした。西郷はその熱意に打たれ、「わかり申した。きっとよしなに取り計らうゆえ、ご安心あれ」と答えた。

鉄舟のこの命を賭けた交渉によって、江戸は戦火から免れることになる。新政府軍の江戸総攻撃前日の三月十四日、西郷と勝海舟の会見が江戸・三田の薩摩藩邸でおこなわれ、江戸城は無血開城となった。鉄舟こそ、江戸の町を戦乱から救った第一の功労者と言っていいだろう。

鉄舟は雅号で、通称鉄太郎。小野家の嫡男に生まれ、十歳のときに両親を亡くし、槍の師である山岡家を継いだ。一八六二年（文久二年）、幕府の浪士募集（新徴組）の際に浪士取締役を命じられた。大政奉還後の六八年（慶応四年）三月、精鋭隊頭になり、大目付を兼ねた。

維新後は新政府に出仕して静岡藩権大参事になり、茨城県参事、伊万里県令を経て侍従職に就き、明治天皇のお側近くに仕えた。のちに宮内大丞、宮内少輔になった。勝海舟、高橋泥舟と並んで「幕末の三舟」と呼ばれ、多くの書を残した。

一八八八年（明治二十一年）七月十九日没。明け方、カラスの鳴く声を聞き、「腹張って苦しきなかに明烏」と辞世を詠んだ。西郷と対面したあの日から二十年の歳月が過ぎていた。

鉄舟の墓は、鉄舟が自ら創建した東京都台東区谷中の全生庵の墓所に立っている。墓は五輪塔で、正面に「全生庵殿鉄舟高歩大居士」と刻まれている。高歩は諱である。

森有礼　憲法発布の朝、襲われて

森《もり》 有礼《ありのり》（明治政府文部大臣）
青山霊園　東京都港区青山二　地下鉄銀座線青山一丁目駅下車、徒歩八分
命日　一八八九年（明治二十二年）二月十二日、四十三歳

森有礼の墓（青山霊園　東京都港区青山）

一八八九年（明治二十二年）二月十一日は大日本帝国憲法発布の記念式典の日だった。初代文部大臣森有礼はいつもより早く起床して、東京・永田町の官邸二階で正装の大礼服に着替えていた。

朝八時ごろ、官邸に長髪の青年がやってきて、「山口県人で内務省土木局雇の西野文太郎という者だが、閣下のことで容易ならざる企てを聞き込んだので、お知らせしたい」と述べた。出発の時刻が迫っていたので、秘書官が後刻にでも、と応じたが、青年はぜひにと言って引き下がらない。やむなく一階の応接室に通した。

会わせろ、時間がない、と押し問答を繰り返しているうち、大礼服を着た有礼が階段を下りて応接室へ入ってきた。とりあえず話だけ聞こうと思ったのだろう。

と、青年は立ち上がりざま、隠し持っていた出刃包丁を手にわめきながら有礼に飛びかかり、脇腹めがけて突き刺し、深々とえぐった。有礼は血まみれになって青年に組み付き、廊下へ転がり出て倒れた。玄関にいた護衛の巡査が駆けつけた。

逃げようとした青年に、文部省属官座田重秀が仕込み杖を抜いて斬り付け、返す刀で急所を貫いた。青年はそのまま絶命した。

知り合いの医師が式典会場に出かけていたため、昼過ぎになって駆けつけ、急ぎ縫合した。有礼はときどきうっすらと目を開け、妻の寛子に葡萄酒と氷を口に入れるよう求めた。

夜十時すぎ、黒田清隆総理大臣が見舞いに訪れ、「安心せい。式典は無事に終わったぞ」と言うと、安堵したようにほほ笑み、間もなく昏睡状態に陥った。有礼はそれっきり目覚めることなく、翌日の午後十一時半、息を引き取った。

森有礼

西野文太郎の懐から「斬奸状」が見つかった。

文部大臣森有礼（伊勢神宮に）参拝し、国禁を犯して靴を脱せず、殿に昇り杖を以て神簾《しんれん》を掲げ其の中を窺《うかが》ひ、乱行して出づ。是れ無礼之状…余は帝国臣の職分として拱手傍観するに忍びず。敢て宝剣を以て其の者に加ふ。

有礼が伊勢神宮に参拝したのは一八八五年（明治十八年）十二月二十八日。このとき、ステッキで内扉の帳《とばり》を掲げた行為が「伊勢新聞」に不遜だと書かれ、それが三年二カ月後の犯行につながったのだった。

有礼は薩摩出身。一八六三年（文久三年）、藩命により密出国してイギリスに留学。翌年、ロシアに赴く。のちにアメリカに渡り、キリスト教徒になる。帰国して新政府の徴士・外国官権判事になるも、廃刀令を主張して免官。しかし七〇年（明治三年）、アメリカ駐在になり、帰国後は外務大丞、外務大輔や清国公使、イギリス公使などを務めた。

この間に、妾という日本の古い風習を指弾し、妻とは契約婚約して西洋風の結婚式を挙げるなど、欧州心酔者と見られていた。しかし実際は伊藤内閣で初の文部大臣になり、学校制度を大幅に改革するなど純粋な国家主義者だった。

森有礼が眠る青山霊園を訪れた。「著名人墓地」と書かれた案内版にはなぜか有礼の名が見当たらない。管理事務所に尋ねて「一種十一号十二側二番」にあるのを知った。

墓の正面には「贈正二位故文部大臣勲一等子爵森公墓」、そばに夫人の「寛子」の名が刻まれている。寛子は二番目の妻で、岩倉具視の娘。結婚生活わずか一年半だった。契約書を交わした最初の妻とは離別している。

葡萄酒を供えてからその栓を切り、一口飲んだ。〝西洋かぶれ〟といわれ、時代を駆け抜けていった男の墓前で飲むその味は、ひどく腸《はらわた》に染み渡った。

お吉　開国の波に弄ばれたあげく

唐人《とうじん》お吉《きち》（斎藤《さいとう》きち）（酌婦）

唐人お吉（斎藤きち）の墓（宝福寺　静岡県下田市柿崎）

唐人お吉（斎藤きち）と鶴松の墓（宝福寺　静岡県下田市柿崎）

戒名　釈貞歓

宝福寺　静岡県下田市柿崎　伊豆急行線伊豆急下田駅下車、徒歩五分。隣に唐人お吉記念館

命日　一八九〇年（明治二十三年）三月二十七日、五十歳

一八九〇年（明治二十三年）三月二十七日、伊豆の下田に激しい雨が降っていた。お吉は全身ず

ぶ濡れになりながら、稲生沢川沿いに延びる道をたどって門栗ケ淵の上流に出た。お吉はご詠歌を唱えながら、水嵩が増した稲生沢川に身をひるがえした。

翌朝、近所の農民が門栗ケ淵でうつぶせになって浮いている女性の水死体を発見した。農民は前夜、女性のご詠歌を聞いていて、覚悟の自殺と断定された。

死体は薦《こも》をかぶせて二日間、放置されたが、野次馬がやってきて薦をめくり「こいつは唐人お吉だ」と言いだした。下田の宝福寺の住職竹岡大乗が法要の帰りにそこを通りかかり引き取ろうとしたが、「さわると指が腐る」と言って誰も手を出そうとしない。やむなく親しい檀家に頼んで大八車で本堂まで運び、葬った。

お吉は尾張国知多郡内海の舟大工の娘に生まれ、本名斎藤きち。四歳のときに一家で下田に移り、父の死後は母とともに、船乗りの衣服の洗濯などをして生計を立てていた。十四歳で酌婦になり、その美貌が評判を呼んだ。

一八五六年（安政三年）夏、アメリカ総領事タウンゼント・ハリスが下田にやってきて、玉泉寺の領事館に入った。五十四歳のハリスは体調を崩して吐血したので、看護婦を雇い入れたいと申し出た。下田奉行は拒絶したが、ハリスに何度も強要されてやむなくお吉を呼び出し、領事館への奉公を命じ、支度金二十五両、年間手当百二十五両を与えると伝えた。オランダ人通訳官ヒュースケンには大工の娘お福を指名し、支度金二十両、年間手当九十両を支払った。目が飛び出るような破格の下賜金だった。

お吉はすでに舟大工鶴松と結婚していたし、異人は妖術を使うので怖いとして、断った。奉行所は国のためにもぜひ引き受けてくれと口説き、二人は泣く泣く承知した。お吉は紫紺の縮緬に金襴の丸帯といった派手な衣装をまとい、駕籠でハリスのもとへ通った。だがお吉は体に腫れ物ができていたという理由で、わずか三夜で解雇になる。

異人と交わった女性として好奇の目に晒され、人々は「唐人お吉！」と蔑みの言葉を浴びせた。やがて毎日の暮らしにも事欠くようになり、苦悩を紛らわせようと昼夜の区別なく酒をあおった。

翌一八五七年（安政四年）、ハリスは江戸に入り、日米修好通商条約の締結にこぎつけたあと、公使になり、江戸麻布善福寺を公使館とした。このころお吉はひどいアルコール中毒にかかり、しばしばハリスを訪ねて醜態を見せたといわれる。

ハリスが帰国した一八六二年（文久二年）、お吉はまた酌婦になり、横浜で鶴松とよりを戻したものの長続きせず、消息が途絶えた。七八年（明治十一年）、突然、下田に戻って小料理屋安直楼を開くが、酒に溺れる毎日でついに破産し、最後は仏にすがりながら身投げして果てたのだった。

お吉

下田の町を歩くと、お吉が通った玉泉寺や、晩年経営した安直楼などが目に留まる。身投げした淵は〃お吉が淵〃と呼ばれている。

お吉の墓は下田市柿崎の宝福寺と隣接する唐人お吉記念館内にある。「釈貞歓」と刻まれた小さな墓に、手向けの花が供えられていた。立派な墓がもう一つあった。舞台でお吉を演じた女優の初代水谷八重子が、一九三〇年（昭和五年）に役者らとともに寄進したもので、のちにここに改葬されたと案内板に住職名で書かれていた。隣に鶴松の墓が並ぶ。下田市七軒町の了仙寺には「お吉塚」があり、お吉の生まれ故郷、南知多町内海の西岸寺の過去帳には、お吉の名が記載されている。

新島襄・八重　大河ドラマ『八重の桜』の主人公

新島《にいじま》襄《じょう》（教育家、宗教家）
京都市営若王子墓地内の同志社墓地　京都市左京区鹿ケ谷若王子　JR東海道本線京都駅からバスで南禅寺永観堂道下車、若王子神社から徒歩二十五分
命日　一八九〇年（明治二十三年）一月二十三日、四十八歳
新島《にいじま》八重《やえ》（旧会津藩士娘、新島襄夫人）
命日　一九三二年（昭和七年）六月十四日、八十八歳

新島襄（右）、八重の墓（若王子墓地内同志社墓地　京都市左京区鹿ケ谷若王子）

ＮＨＫ大河ドラマ『八重の桜』（二〇一三年）の主人公新島八重の登場で、福島県会津若松市は大変な人気だという。

八重は、会津藩で代々砲術師範を務める山本権八の娘に生まれた。兄の覚馬も砲術に秀で、その影響で女性が銃砲など手にできない時代に撃ち方を覚えた。一八六八年（慶応四年）、二十四歳で、山本家に同居していた但馬国出石藩出身で会津藩校日新館の教授、川崎尚之助と最初の結婚をした。

この年の初めに戊辰戦争が起こり、弟の三郎が戦死した。戦火は奥羽に飛び、会津戦争が始まった。川崎と離婚した八重は鶴ケ城に籠城し、銃を手に、迫りくる敵兵めがけて射撃した。籠城戦は一カ月に及び、この間に父の権八は城外戦で戦死、会津藩は降伏した。その前夜、八重は涙ながらに鶴ケ城三ノ丸雑物庫の白壁に次の和歌を書いた。

明日よりは何処の誰か眺むらん　なれし御城にのこす月影

一八七一年（明治四年）、八重は兄の覚馬を頼って京都に出た。覚馬は戊辰戦争で薩摩藩に捕らわれ、視力を失ったのに、その才能を見込まれて京都府顧問の要職に就いていた。兄の斡旋で京都女紅場（のちの府立第一高女）の権舎長・教道試補となるが、そこで兄の覚馬のもとに出入りしていた新島襄と出会う。

新島は安中藩右筆の長男として江戸・安中藩邸で生まれた。幼名七五三太《しめた》。幕府海軍伝習所に学び、オランダの軍艦を見て欧米に憧れを抱いた。漢訳の『聖書』を読んで海外渡航を志し、一八六四年（元治元年）六月、二十二歳のとき、蝦夷地・箱館から外国船で脱国した。

翌年六月、アメリカ・ボストンに到着し、その地の船主の援助を受け、フィリップス学院とアーモスト大学を卒業し、神学校に学んだ。その最中の一八七二年（明治五年）三月、岩倉具視ら遣外使節が訪米したので、新島は通訳としてアメリカの教育事情を観察した。続いて欧州を巡り、教育理論を構想する。このころから頭痛やリュウマチに悩まされる。

一八七四年（明治七年）、神学校を卒業し、宣教師となって帰国した新島は、翌年、京都府顧問の山本覚馬と出会い、キリスト教を基盤にした同志社英学校を建てようと計画した。これが同志社大学の起源となる。だが神官や僧侶らが抗議集会を開くなど状況は険悪化していた。

兄の紹介で新島を知った八重は、新島の申し出を受け婚約する。それを知った京都府は八重を解雇した。だが二人はひるまず一八七六年（明治九年）一月二日、京都御苑内の宣教師邸で洗礼を受け、翌三日、キリスト教にのっとり結婚式を挙げた。八重は洋装、洋髪でウエディングドレスをまとっていた。新島三十四歳、八重三十二歳。

欧米流のレディーファーストの新島と男勝りの性格の八重。似合いの夫婦に見えたが、夫をかしずかせて先に車に乗る八重の姿に、世間は〝悪妻〟〝烈婦〟と酷評した。しかし実際は、病気に悩む夫を献身的に支える妻だった。

新島はその後、日本組合基督教会を設立し、京都市内の三カ所に教会を建て、さらに京阪神だけでなく東海から関東にかけて伝道活動を広げた。一八八四年（明治十七年）には教会は二十二、教会員は千七百九十一人に増え、基督教会の基盤が全国的に形成された。

一八八八年（明治二十一年）十一月、「同志社大学設立の旨趣」を公表した新島は、大学設立のため各地を奔走するが、途中で倒れ、神奈川県大磯の旅館で療養中、亡くなった。

新島を失った八重は日本赤十字社の正会員になり、日清戦争が起こると、広島の陸軍予備病院で、篤志看護婦四十人の看護婦取締として四カ月間にわたり負傷者を看護した。日露戦争のときは、大阪の陸軍予備病院で篤志看護婦として働いた。

八重が京都の自宅で亡くなったのは、新島が逝ってから四十二年後の一九三二年（昭和七年）。弘化、嘉永、安政、万延、文久、元治、慶応を経て、明治、大正、昭和の時代を生き抜いた会津女性の壮絶な生涯だった。

夫妻の墓は、京都市営若王子墓地内の同志社墓地に立っている。若王子神社前から山路を二十五分ほど歩くと着く。垣根で囲われた大きな墓の正面に「新島襄之墓」と刻まれている。その左手に

新島襄

新島八重

やはり垣根付きの自然石の低い墓が寄り添うように立っていて、正面に「新島八重子之墓」と刻まれている。そばには八重の父権八、母佐久、兄覚馬、弟三郎の墓もある。

会津若松市の大龍寺には八重が建てた山本家の合葬墓がある。正面に「山本家之墓」、裏面に「昭和六年九月合葬　山本権八女　京都住新島八重子建立八十七歳」と刻まれていて、亡くなる前年の建立とわかる。

松平容保　「朝敵」の屈辱にまみれて

松平容保《まつだいらかたもり》（会津藩主、京都守護職）
諡号　忠誠霊神
松平家廟所　会津若松市東山町院内　ＪＲ磐越西線会津若松駅下車、バスで東山下車、徒歩六分
命日　一八九三年（明治二十六年）十二月五日、五十九歳

松平容保の墓（松平家廟所　会津若松市東山町）

幕末の動乱期に、会津藩主松平容保ほど〝貧乏くじ〟を引かされた人物もいないだろう。京都守護職として尽力しながら、一転〝朝敵〟とされてしまったのだから。
容保は美濃国高須藩主の六男に生まれ、会津藩主松平容敬の養子になった。一八五一年（嘉永四

松平容保

年）、会津に入り、翌年、容敬の死とともに藩主を継ぎ、肥後守になった。六〇年（万延元年）に起こった桜田門外の変の処理で、犯人の多数が水戸脱藩士だったことから水戸藩の問罪が決まりかけたとき、それを中止させて名を挙げ、左近衛権中将となる。

尊皇攘夷の嵐が高まるなか、幕府は京都の安定を図ろうと守護職を設け、容保に就任を要請した。容保は辞退したが許されず、一八六二年（文久二年）、藩士千人を率いて入京した。孝明天皇は好意を示し、緋色の衣を贈った。

一八六三年（文久三年）八月、尊攘派は天皇の攘夷親征を計画した。容保はこれを阻止しようと薩摩藩と結んで武力で宮廷を抑え、公卿三条実美らの動きを封じ込めた。八・一八の政変である。三条ら七卿は長州を頼りに落ちていった。天皇は容保の働きに対して内密の親書と歌を贈った。天皇の信頼はひときわ高まった。

一八六四年（元治元年）七月、長州藩は汚名をそそごうと京都に軍勢を出し、随所で激戦となった。容保は藩士を率いて蛤御門で長州藩兵と戦い、打ち敗った。禁門の変とも蛤御門の変ともいわれる。容保は長征強行論を主張し、第一次長征が計画されたが、長州藩側は三家老の首を差し出して恭順の意を示したので収まった。

だがその陰で長州藩は、薩摩と組んで幕府打倒へ動きだした。一八六六年（慶応二年）、第二次長征で大坂城に出陣中の将軍家茂が病死し、慶喜が将軍の座に就いた。慶喜は長征を止めた。その直後、孝明天皇が急死し、歴史の歯車は恐ろしい勢いで回りだした。

一八六七年（慶応三年）十月、慶喜は大政を奉還した。京都守護職もなくなり、容保は大坂に移った。すかさず蟄居が解けた岩倉具視が宮廷に赴き、幼い明治天皇を担いで王政復古を唱えた。天皇による政治の復活である。

翌一八六八年（慶応四年）一月、鳥羽・伏見で薩摩、長州と旧幕府軍が激突する戊辰戦争が起こり、朝廷は薩長軍を官軍とし、旧幕府軍を朝敵として追討を命じた。これによって容保は賊軍となった。会津に戻った容保は「なぜ、私が朝敵にならねばならぬのか」と悔しさを吐露した。

会津藩の征討を決意した薩摩、長州の官軍は、奥羽越列藩同盟の哀願を蹴って奥羽に侵攻した。会津藩は軍勢を各地に配置して戦ったが、ことごとく突破された。

八月二十三日朝、早鐘が鳴り響き、容保はじめ藩士や家族らは鶴ケ城に籠城した。官軍がどっと城下に攻め込み激戦となった。白虎隊や西郷頼母一族の集団自決をはじめ、多くの無残な自決が起こった。娘子隊が薙刀を振るって戦い、死者が出た。

一カ月後の九月二十二日、会津藩はついに白旗を掲げて降伏した。

容保は鳥取藩に永のお預けになり、家名は断絶した。だが一八六九年（明治二年）五月、萱野権兵衛が会津戦争の責任を負って切腹（二〇〇ページ参照）。同年九月、家名再興が許されて、生後三カ月の長男、容大が藩主の座に就いた。陸奥国に三万石が与えられて斗南藩と称した。

容保が謹慎を解かれたのはそれから三年後の一八七二年（明治五年）。以後、日光東照宮の宮司などを務め、鎮魂の日々を送った。

容保の墓は会津若松市東山町院内の松平家廟所にある。正面に「正三位松平容保之墓」と刻まれている。正三位は後年、朝廷から贈られた位階である。ここに立つと、徳川家を支え、朝廷を守護しながら、朝敵の汚名を被らなければならなかった男の無念さが伝わってくる。

中浜万次郎　漂流の果て、世界を見る

中浜万次郎《なかはままんじろう》（漁民、土佐藩士、幕臣）
雑司ケ谷霊園　東京都豊島区南池袋四
地下鉄有楽町線東池袋駅下車、徒歩五分
命日　一八九八年（明治三十一年）十一月十二日、七十二歳

中浜万次郎の墓（雑司ケ谷霊園　東京都豊島区南池袋）

一八四一年（天保十二年）一月五日早朝、土佐国宇佐浦から一隻の漁船が海岸沿いに西南に向かって漕ぎだした。船乗りは船頭の筆之丞ら五人。そのなかに初めて乗船した数え年十五歳の万次郎

が含まれていた。のちのジョン万こと、中浜万次郎である。

漁船はすぐにはえ縄を仕掛けたが、魚はかからず、翌日も不漁で、七日には足摺岬の東へ移動した。昼ごろ、西南の風が激しく吹きだした。急ぎ漁船を陸地へ近づけようとしたが、転覆しそうになり、四ツ時（午後十時）には櫓の柄が折れて自由を失った。長さ四間一尺（約八メートル）の、五丁櫓の小さな漁船は風波に煽られて、波間を漂った。

八日明け方、漁船は紀伊半島を越えて太平洋に押し出され、黒潮に乗って東南東へ向けて漂流しだした。食料もなくなり、船乗りたちは生きた心地もなかった。漂流六日目の十三日、小島を発見した。これが小笠原諸島の北に位置する鳥島だった。

翌朝、高波が収まるのを待って上陸した万次郎らは、島の洞窟に入り、雨風をしのぐかたわら、アホウドリを捕らえて食料にし、救出を待った。だが飲料水は不足し、自分の尿を飲むほどだった。これはのちに万次郎を取り調べた河田小龍『漂巽紀略』（一八五二年）に見える。

中浜万次郎

五月九日、アメリカ捕鯨船ジョン・ホーランド号が現れ、ウィリアム・Ｈ・ホイットフィールド船長らに救助された。百四十三日間に及ぶ無人島生活だった。同号はハワイ島ホノルルに立ち寄り、筆之丞ら四人はここで下船したが、万次郎だけは船長とともに船に残り、ジョン万の名で捕鯨を続けた。その後、アメリカ東海岸のニューベッドフォードに帰港し、船長の厚意で航海術、天体学、高等数学などを学んだ。

捕鯨船に乗って世界の海を駆け巡り、一等航海士（副船長）まで務めた万次郎だったが、祖国に残したままの母親に会いたいとの思いが募る。ゴールドラッシュの金山で金を稼ぎ、その足でハワイのホノルルへ。そこで筆之丞らを誘い、一八五一年（嘉永四年）一月、琉球を経て薩摩に到着。長崎奉行の取り調べを受けた後、同年秋、土佐国に帰り、母親と十年ぶりの再会を果たした。

それから二年後の一八五三年（嘉永六年）六月、ペリー率いる黒船が浦賀にやってきて開国を迫った。幕府は土佐藩が登用した万次郎を幕府直参に取り立てた。万次郎は中浜姓を名乗り、外国経験を生かして、ナサニエル・ボーディッチの航海書の翻訳や「日米対話捷径」の作成などに携わり、軍艦教授所の教授になる。六〇年（安政七年）一月には日米修好通商条約の副使木村摂津守を乗せた随伴船咸臨丸の通弁（通訳）として、サンフランシスコへ赴いた。

帰国後も小笠原島開拓調査をおこなった後、薩摩藩の開成館教授になり、土佐の後藤象二郎とともに上海を訪れるなどした。

一八六九年（明治二年）、新政府によって開成学校（のちの東京大学）の教授に任命された。横浜を出帆し欧米へ出張した折には、ホイットフィールド船長宅を訪問している。

一八九八年（明治三十一年）十一月十二日、万次郎はいつものとおり早起きして、茶とパンの朝食をすませた後、二度、嘔吐した。だが顔色が蒼白なほかは異常はなかった。午後一時ごろ、好物のいも粥を少し食べ、話もしていたが、間もなく容体が急変した。医師である長男東一郎が急いで帰宅したときは、すでに亡くなっていた。

万次郎の墓は東京都の雑司ケ谷霊園の一―十五―十九側一番にある。高さ一・三メートルほどのずんぐりした角形の黒っぽい墓である。生前、万次郎が自分で造り、谷中の仏心寺に建てたものだが、一九二〇年（大正九年）、万次郎の孫に当たる博がこの地に移設した。博の代からカトリック教徒になったので、カトリックながら仏式の墓というわけである。

墓の話　本人がアメリカ式の墓を建てる？

土佐に戻った万次郎は、実家の裏のやぶのなかから「万次郎の墓」と書かれた一本の棒杭を見つけた。身辺を狙った者の悪質な仕業だろうが、わが墓標にしてはあまりにも粗末だと感じて、「自分の墓は死ぬ前に自分で建てる」と決意した。

幕吏に取り立てられ、江戸住まいになった万次郎は、幅広で上部が円形のアメリカ式の墓を設計し、石屋に頼んだ。ほどなく墓ができたので、文字に朱を入れるため谷中の墓地に向かった。朱は生前の建立を意味する。

すると突然、墓の陰から覆面の四人組が「国賊！」と叫んで現れた。護衛の岡田以蔵が「先生っ、墓を背にまっすぐ立っていてください」と言い、刀を抜くなり、二人をたたき斬った。残りの暴漢らはばたばたと逃げだしたので、万次郎は危うく難を免れた。

この墓は残念ながら現存しないが、万次郎の孫の中浜博は著書『私のジョン万次郎――子孫が明かす漂流百五十年目の真実』（小学館、一九九一年）のなかで、「万次郎がアメリカ式の墓を造らせていたのは十分に考えられる」と肯定している。

勝 海舟　戊辰の終戦処理に没頭

勝《かつ》海舟《かいしゅう》（麟太郎、安房守、安房）（旧幕臣）
戒名　大観院殿海舟日安大居士
墓は東京都大田区南千束二、洗足公園内に。東急池上線洗足池駅下車、徒歩五分
命日　一八九九年（明治三十二年）一月十九日、七十七歳

勝海舟の墓（洗足公園内　東京都大田区南千束）

貧しい旗本の家に生まれた勝海舟（麟太郎、安房守、安房）は十六歳で家督を継ぎ、剣術の師匠に勧められて蘭学を学んだ。一八五四年（安政元年）秋、ペリー来航に際して幕府に海防意見書を提出し、蕃書翻訳御用になった。長崎の幕府海軍伝習所が開設されると、伝習生監督として参加し、オランダ海軍士官から海軍術を学んだ。

海舟は歴史の表舞台に二度躍り出た。一度目は日米修好通商条約調印の副使木村摂津守喜毅を乗

せた随伴船咸臨丸の教授方頭取（艦長）として、アメリカのサンフランシスコへ渡ったとき。二度目は戊辰戦争の最中から終戦処理にかけて、徳川家の陸軍総裁として新政府軍征討府参謀西郷隆盛と会見し、江戸市中を戦火から救ったときである。

咸臨丸の太平洋横断はわが国初の遠洋航海で、まさに命がけといえた。海舟は、日本海域を測量中に船を破損し、帰国できないでいたアメリカの測量船長ジョン・ブルック大尉らに着目し、「アメリカ軍人が滞在中、幕府から懇篤な待遇を受け、恩返しに助力したいと願っているので、幕府の許可を得て同乗させる」と理屈をつけて便乗させた。

一八六〇年（安政七年）一月十九日八ツ半（午後三時）すぎ、咸臨丸は浦賀を出帆した。ところが港を出たとたん北西の季節風にたたかれ、難航した。鈴藤勇次郎が描く有名な『咸臨丸烈風中航海図』はそれを的確に表している。

勝海舟

ブルックは「日記」に「艦長（勝海舟）は船に酔っている。非常に荒い海で、しばしば波が打ち込む。日本人は全員船酔いだ」と記した。操船もままならず、早速、同乗のアメリカ軍人の世話になり、何とか太平洋を横断するが、海舟の読みが見事に当たったと言っていいだろう。

アメリカ西海岸のサンフランシスコに到着したのは、太陽暦に直すと三月十七日。三十八日間（日付変更の関係で三十七日間）の長い船旅だった。

丁髷に羽織袴姿で降り立った海舟をはじめ一行は、豪華絢爛な建物に目を丸くし、ナイフやフォークにまごつきながら見たこともない料理を口にし、美しく着飾った女性たちがダンスを踊る姿に肝を潰し、鉄道機関車や電信・電話といった近代文明にも触れて、欧米文化に目覚めていく。

海舟は帰国後、軍艦奉行並から軍艦奉行に昇進し、神戸海軍操練所を設置し、幕府海軍の育成に当たる。坂本龍馬と出会ったのはそのころ。だが池田屋事件が起こり、闘死した勤皇の志士のなかに海軍操練所生の望月亀弥太が含まれていたことで、江戸に召還され、蟄居を命じられる。復帰して征長の役の終戦処理など難題の解決に当たるが、倒幕の勢いは高まるばかりで、一八六七年(慶応三年)十月、徳川慶喜は大政を朝廷に奉還した。

一八六八年(慶応四年)一月、戊辰戦争が勃発し、海舟は幕府崩壊後の徳川家の陸軍総裁として敗戦処理に関わり、新政府征討府参謀の西郷吉之助(隆盛)と会見して、慶喜の恭順と徳川家の保全、江戸城の無血開城を訴え、江戸での戦争を回避させた。

新政府に請われて海軍大輔、海軍卿兼参議、枢密顧問官などを務めた。晩年は歴史書の編纂に携わり、『海軍歴史』(海軍省、一八八九年)、『陸軍歴史』(陸軍省総務局編、全二巻、陸軍省総務局、一八八九年)、『開国起源』(吉川半七、一八九三年)などの史書をまとめた。また聞き書きの『海舟座談』(巖本善治編、〔岩波文庫〕、岩波書店、一九三〇年)などを残した。

一八九九年(明治三十二年)一月十七日に自宅で突然、卒倒し、丸二昼夜昏睡したままで十九日午後五時半、亡くなった。最期の言葉は「これでおしまい」だったという。

海舟の墓は東京都南千束の洗足公園内に、妻の墓と並んで、池を望む形で立っている。近世の五輪塔の墓で、「勝海舟」「勝海舟室」とそれぞれ刻まれている。

墓の話　海舟が西郷の墓を建立

東京都南千束の洗足公園内に立つ海舟の墓のすぐ脇に、鳥居のついた西郷隆盛の墓がある。この墓により、海舟の西郷に寄せる厚い心情が偲ばれる。

一八七七年（明治十年）、西南戦争が起こった。鹿児島の城山に立て籠もった西郷は九月二十四日、政府軍の総攻撃を受けて最後の突撃を敢行し、死んでいった。海舟はその死を悼み、三回忌に当たる七九年（明治十二年）、東京・南葛飾郡大木村（現・東京都葛飾区）の薬妙寺境内に留魂祠を建立し、西郷がかつて詠んだ漢詩「獄中有感」を刻んだ。

海舟が亡くなって十五年目の一九一三年（大正二年）、海舟の遺志によって、海舟夫妻の墓所の隣に移設された。碑にはこう刻まれている（八行のうち前半だけ）。

朝《あした》に恩遇を蒙り　夕に焚阬《ふんこう》せらる
人生の浮沈《ふちん》　晦明《かいめい》に似たり
縦《たと》い光を回《めぐ》らさずとも　葵は日に向い
若《も》し運を開く無くとも　意は誠を推す

お龍　再婚の相手が墓を建てる

お龍《りょう》（坂本龍馬夫人）
戒名　照龍院閑月珠光大姉
信楽寺　神奈川県横須賀市大津三　京浜急行本線京急大津駅下車、徒歩一分
命日　一九〇六年（明治三十九年）一月十五日、六十六歳

お龍の墓（信楽寺　神奈川県横須賀市大津）

坂本龍馬が暗殺されたのは一八六七年（慶応三年）十一月十五日。妻のお龍は死を知らされたとき、驚きで涙も出なかったという。結婚してわずか二年たらず。一瞬、あの夜の寺田屋襲撃が脳裏をかすめたという。

あの夜、一八六六年（慶応二年）一月二十三日、お龍は、京都の船宿寺田屋で風呂に浸かっていた。お龍は父の医師楢崎将作が〝安政の大獄〟で獄死してから、寺田屋の女将お登勢の世話により店で働いていて、龍馬と知り合った。薩長同盟を成立させた龍馬は今夜、しばらくぶりに宿泊して

いた。

入浴中のお龍は、物音がするので小窓から外をのぞくと、伏見町奉行配下の連中がいまにも踏み込もうとしていた。驚いたお龍は一糸まとわぬ姿で梯子段を駆け登り、二階にいた龍馬に急を知らせた。お陰で龍馬は危機を脱した。

西郷吉之助（隆盛）の媒酌で龍馬と結婚し、西郷の勧めで薩摩に赴き、塩尻温泉に遊び、霧島山に登った。長崎に出た龍馬は亀山社中を組織し、それが土佐の海援隊になり、いずれは蝦夷地へ行こうと蝦夷語の勉強までしていたのに。

龍馬の死はお龍を悲しみの淵に落とした。それでも夫の遺志を汲み、土佐の坂本家へ移り住んだ。

お龍

だが都育ちのお龍と、土佐の古い伝統のなかで生きる男勝りの龍馬の姉乙女とはうまくいくはずもない。坂本家を飛び出し、妹の君枝を頼って東京へ行き、一八八五年（明治十八年）に君枝が横須賀に移ると、追うようにしてその家に転がり込んだ。

四十五歳になるお龍はここで、ひょんなことから隣家の露店商西村松兵衛と結ばれる。だがその生活は必ずしも平穏なものではなかった。お龍は酒に酔っては「私は龍馬の妻よ」とわめきちらし、手もつけられなかったという。

このお龍の晩年の姿を見たのが横須賀で大道易者をしていた鈴木清治郎。日露戦争最中の一九〇四年（明治三十七年）二月九日と記憶している。お龍が亡くなる二年前だ。

ひどい吹雪の日で、隣で商売をしていた松兵衛に勧められるままに、同家に泊めてもらうことになった。家には二間しかなく、大柄な目の大きい老婆がいきなり、「こんな若造を引っ張ってきやがって。うちにゃおまんまはないんだよ」と啖呵を切った。そして松兵衛に言って酒を出させて、しきりに勧めた。清治郎がもう飲めないと言うと、「いくじのねえ。腹の立つときゃ茶碗で酒をとくらあ。飲めどツルシャン、酔えぬツルシャンか」と言い、最後は鼻歌になった。

翌朝も大雪。朝からまた酒を飲みだした。老婆も大いに飲んだ。結局、雪で三日間泊めてもらったが、酒の飲みっぱなしだったという。老婆が小用で立った隙に、いやがる松兵衛からやっと聞きだして、龍馬の妻だったことを知った。

このときはお龍の口から「私は龍馬の妻よ」という言葉は出ていない。松兵衛もそのことには触れたがらなかった。夫婦のようでいて夫婦ではなく、松兵衛を下男のように使い、酒をあおっていたお龍の気持ちのなかには、常に龍馬の影がちらつき、龍馬の妻になれた誇りと、早々に先立たれた無念さがごっちゃになっていたと思える。

お龍が亡くなったのは一九〇六年（明治三十九年）一月十五日、脳溢血で倒れ、そのまま息を引き取った。月も違うし、旧暦と新暦の違いもあるが、龍馬と同じ十五日の死だった。

横浜市の信楽寺に立つお龍の墓は、西村松兵衛がその奇縁から一九一四年（大正三年）に建立した。背の高い方柱型の墓に「贈正四位阪《（ママ）》本龍馬之妻龍子之墓」と刻まれていて、西村の心意気を感じる。

徳川慶喜　自分の伝記原稿を読みながら

徳川慶喜《とくがわよしのぶ》（徳川幕府最後の将軍）
谷中霊園内の谷中寛永寺徳川墓地　東京都台東区谷中七　JR山手線・京浜東北線・京成線日暮里駅下車、徒歩十三分
命日　一九一三年（大正二年）十一月二十二日、七十七歳

徳川慶喜の墓（谷中霊園内の谷中寛永寺徳川墓地　東京都台東区谷中）

徳川慶喜が十五代将軍の座に就いたのは一八六六年（慶応二年）十二月。直ちに急務とされる幕制改革に乗り出し、軍備の近代化と強化を図った。だが尊攘倒幕運動の高まりに押されて翌六七年（慶応三年）十月十四日、朝廷に大政を奉還した。朝廷はこれを受理したが、しばらくこのままの政治体制でいくようにと沙汰した。

ところが十二月九日、蟄居を解かれたばかりの公卿岩倉具視が朝廷クーデターを起こし、翌十日、十五歳の明治天皇を担いで王政復古の大号令を下した。同時に朝廷は慶喜に対して、将軍職を辞し、

領地はすべて返上するよう伝えた。

京の二条城に詰めかけた幕臣はじめ会津、桑名の藩士たちはこの措置に激怒し、慶喜を押し立てて京都に攻め上ろうとした。慶喜は慌てて二条城を出て大坂城へ入った。

一八六八年（慶応四年）一月三日、鳥羽・伏見で幕府軍と薩長軍が衝突し、戊辰戦争が起こった。戦いは四昼夜に及び、幕府軍は銃砲を駆使する薩長軍に敗れて大坂へ逃走した。慶喜は薩長軍が錦の御旗をひるがえしていたことに驚愕し、兵庫沖から開陽丸に乗って江戸へ戻り、恭順の意を表した。朝廷は慶喜の官職を奪い、追討令を発した。

東征軍大総督率いる軍勢が東海道、東山道、北陸道の三道から江戸を目指して進撃を始めた。慶喜は二月十二日、江戸城を出て上野寛永寺大慈院に入り、謹慎した。

江戸は東征軍大総督府参謀の薩摩の西郷吉之助（隆盛）と幕府方である徳川家陸軍総裁勝安房（海舟）の会談で危うく戦火を免れた。江戸城無血開城の日、慶喜は水戸へ移った。だが幕臣や会津、桑名藩は戦闘を繰り返し、戦火は奥羽を経て蝦夷地へ飛び火した。

徳川慶喜

戊辰戦争が多くの犠牲者を出しながら終焉したのは一八六九年（明治二年）五月十八日。五稜郭が開城した日である。
この年九月、慶喜は謹慎を解かれた。亀之助改め家達が徳川家を継いで駿府七十万石に封じられると、駿府（静岡）に移り住み、まだ三十一歳の若さながら隠遁の暮らしに入った。好きな油彩画を描き、写真を撮影し、再び政治の表舞台に立つことはなかった。

大勢の側妾に囲まれて悠々たる日々を過ごし、男十人、女十一人の子供に恵まれた。一八八八年（明治二十一年）、慶喜は従一位に叙せられ、やがて東京の別邸に移住した。一九〇二年（明治三十五年）、公爵を授けられ、明治天皇に拝謁したとき、「生きていた甲斐があった」とうれし涙を流したという。

一九一三年（大正二年）十一月四日、慶喜は風邪をこじらせて肺炎にかかり、東京の別邸で病床に臥せた。危篤状態になったとき、大正天皇は勅使を差し向け、旭日桐花大授章を授けた。慶喜は病床でこれを感慨をもって受けた。

病状が一時的に小康を保ち、病床でものを読むほどまでに回復した。十一月二十二日、慶喜は渋沢栄一がまとめている自分の伝記『徳川慶喜公伝』（全八巻、竜門社、一九一八年）の原稿を読んでいるうち、眠るように逝った。

朝敵の汚名を着せられた屈辱の戊辰戦争から四十五年。明治天皇も亡くなり、薩長をはじめとする維新の大物たちも次々に亡くなったのちまで生き永らえた男の、それはまさに極楽往生そのものだった。

最後の将軍慶喜の墓は、東京都台東区谷中の谷中霊園の寛永寺徳川墓地にある。歴代将軍の霊廟に祭られていないのは、水戸徳川家が神道だったことによる。墓は神式の土饅頭型で、美賀子夫人と並んでいる。その背後に晩年仕えた側室たちの小さな墓が控えている。

参考文献

佐原真ほか『大系日本の歴史』全十五巻（小学館ライブラリー）、小学館、一九九二—九三年
国史大辞典編集委員会『國史大辞典』全十五巻、吉川弘文館、一九七九—九七年
日本歴史学会編『明治維新人名辞典』吉川弘文館、一九八一年
高柳光寿／竹内理三編『角川日本史辞典』角川書店、一九七四年
中山忠能、日本史籍協会編『中山忠能日記』（日本史籍協会叢書）、東京大学出版会、一九七三年
鶴見俊輔『高野長英』（朝日選書）、朝日新聞社、一九八五年
鈴木暎一『藤田東湖』（人物叢書）、吉川弘文館、一九九八年
中井信彦『大原幽学』（人物叢書）、吉川弘文館、一九六三年
山口宗之『橋本左内』（人物叢書）、吉川弘文館、一九六二年
吉田常吉『井伊直弼』（人物叢書）、吉川弘文館、一九六三年
大平喜間多『佐久間象山』（人物叢書）、吉川弘文館、一九五九年
武部敏夫『和宮』（人物叢書）、吉川弘文館、一九六五年
杉谷昭『江藤新平』（人物叢書）、吉川弘文館、一九六二年
石井孝『勝海舟』（人物叢書）、吉川弘文館、一九七四年
田中惣五郎『西郷隆盛』（人物叢書）、吉川弘文館、一九五八年
井黒弥太郎『黒田清隆』（人物叢書）、吉川弘文館、一九七七年
犬塚孝明『森有礼』（人物叢書）、吉川弘文館、二〇〇五年
高島真『雲井竜雄——謀殺された志士：また蒼旻に訴えず』歴史春秋出版、二〇〇三年

赤見貞『梅田雲浜写真小伝』梅田雲浜先生顕彰会、一九七六年
千鹿野茂『探訪江戸明治名士の墓』新人物往来社、一九九三年
平尾道雄『維新暗殺秘録』新人物往来社、一九七八年
中沢巠夫『幕末暗殺史録』雄山閣出版、一九六六年
徳富猪一郎『近世日本國民史61　孝明天皇御宇終篇』近世日本国民史刊行会、一九六四年
『「かわら版・新聞」——江戸明治三百年3』（「太陽コレクション」7）、平凡社、一九七八年
吉原健一郎／俵元昭／中川恵司編『復元・江戸情報地図』朝日新聞社、一九九四年
玉虫左太夫『官武通記』（続日本史籍協会叢書）、東京大学出版会、一九七六年
高橋敏編「国立歴史民俗博物館研究報告」第百十五集、国立歴史民俗博物館、二〇〇四年
秋田書店編『幕末維新人物総覧』（「歴史と旅」臨時増刊号）、秋田書店、一九八九年
『日本史365日臨終総覧——古代から近代まで』（「歴史と旅」臨時増刊号）、秋田書店、一九九〇年
『ご臨終——死の瞬間ドラマ』（別冊歴史読本特別増刊）、新人物往来社、一九九五年
『日本史の目撃者：私だけが知っている決定的瞬間』（歴史読本スペシャル特別増刊 '89-5）、新人物往来社、一九八九年
「特集 最後の幕臣115人の出処進退」「歴史読本」一九九三年十二月号、新人物往来社
『霊山祭神の研究——殉難志士履歴』財団法人霊山顕彰会、一九八六年
山口県立博物館編『激動の長州藩——明治維新へのあゆみ』山口県立博物館、一九九〇年
藤井貞文『松原神社祭神事歴』水戸烈士遺徳顕彰会、一九六三年
『元新選組参謀伊東甲子太郎と本光寺の由緒』本光寺
岡山県御津町文化財保護委員会編『滝善三郎自裁之記』岡山県御津町文化財保護委員会、一九八五年

内山正熊『神戸事件――明治外交の出発点』(中公新書)、中央公論社、一九八三年
蔵知矩『神戸事変と滝善三郎』堅石園、一九三七年
『本山妙国寺由来記』妙国寺
長谷川伸『相楽総三とその同志』上・下(中公文庫)、中央公論社、一九八一年
青木更吉『物語二本松少年隊』新人物往来社、一九九一年
紺野庫治『武士道　二本松少年隊の記録』歴史春秋出版、一九九四年
平石弁蔵『会津戊辰戦争――白虎隊娘子軍高齢者之健闘』増補版、丸八商店出版部、一九七六年
早川喜代次『史実会津白虎隊』新人物往来社、一九七六年
宮崎十三八ほか『物語会津戦争悲話』新人物往来社、一九八八年
片平幸三『会津娘子隊物語――戊辰の華と散った女白虎隊悲話』歴史春秋社、一九九二年
堀田節夫『自叙伝『棲雲記』私注――会津藩老・西郷頼母』東京書籍、一九九三年
武内収太『箱館戦争』五稜郭タワー、一九八三年
中浜博『私のジョン万次郎――子孫が明かす漂流150年目の真実』小学館、一九九一年
竹岡範男『唐人お吉物語――実説秘話』詩歌文学刊行会、一九八〇年
釣洋一『新選組再掘記』新人物往来社、一九七二年
新人物往来社編『土方歳三読本』新人物往来社、一九九一年
新人物往来社編『沖田総司読本』新人物往来社、一九九〇年
多々良四郎『中島三郎助――浦賀奉行所の與力、同心衆』鈴木徳彌、一九七七年
中島義生編『中島三郎助文書』私家版、一九九六年
加茂儀一編・解説『資料　榎本武揚』新人物往来社、一九八〇年

毛利敏彦『岩倉具視』(「幕末・維新の群像」第二巻)、ＰＨＰ研究所、一九八九年
中野敬次郎『和宮様と環翠楼』静寛院宮奉讃実行委員会
合田一道『日本人の遺書――1858-1997』藤原書店、二〇一〇年

取材協力者（敬称略）

斉藤重一、中島永昭、寺井敏、真島公（以上、北海道札幌市）、榎本隆充、小杉伸一（以上、東京都）、深見六彦（埼玉県さいたま市）、飯田要（山口県下関市）、石橋渉（山口県萩市）、前田由紀枝（高知県立坂本龍馬記念館）、上野麻衣（高知県高知市　龍馬の生まれた町記念館）、香月隆（福岡県福岡市）

会津若松市、喜多方市観光協会、京都市観光協会、萩市観光課　雑司ケ谷霊園管理事務所、青山霊園管理事務所（以上、東京都）、久保山墓地管理事務所（神奈川県横浜市）、南州公園墓地管理事務所（鹿児島県鹿児島市）、大原幽学記念館（千葉県旭市）

専称寺、海禅寺、余生庵、小塚原回向院、豪徳寺、伝通院、増上寺、吉祥寺、大正寺、専修寺、円通院（以上、東京都）、龍源寺（東京都三鷹市）、石田寺（東京都日野市）、東善寺（群馬県高崎市）、大隣寺（福島県二本松市）、阿弥陀寺、白虎隊飯盛山墓所（以上、福島県会津若松市）、法界寺（福島県会津坂下町）、宝福寺（静岡県下田市）、東林寺（神奈川県横須賀市）、称名寺（北海道函館市）、壬生寺、大黒寺、清浄華院、三縁寺（以上、京都府京都市）、妙雲寺（茨城県水戸市）、天寧寺（滋賀県彦根市）、能福寺（兵庫県神戸市）、妙国寺、宝珠院（以上、大阪府堺市）、本行寺（佐賀県佐賀市）、海潮寺、弘法寺（以上、山口県萩市）

松陰神社（山口県萩市）、中山神社（山口県下関市）、霊山護国神社（京都府京都市）、真木神社（福岡県久留米市）、瑞山神社（高知県高知市）、大村神社（山口県山口市）

旅のおわりに

いま、『幕末群像の墓を巡る』の原稿を書き終えて、胸のつかえが取れたような思いに浸っている。実は二十年近く前に『日本人の死に際――幕末維新編』(小学館)を出版したとき、好むと好まざるとにかかわらず、歴史上の人物の墓前に詣でる機会を得た。そしてその墓前に佇むうち、ひときわ身近な存在になっていくのを実感した。いずれ「日本人の墓」をまとめようと考えた。

四年前に『日本人の遺書――1858-1997』(藤原書店)を出してからは、本格的に「墓」の取材に取りかかった。でも「墓」の本を喜んで出してくれる出版社などない。見通しもつかないままに全国各地を歩きだした。

新撰組の近藤勇の取材はすさまじいとしか言いようがなかった。東京、愛知、京都、福島と合わせて六カ所もあるのだから、一度の取材では事足りない。三回に分けて何とか形にした。

これに対して土方歳三は、いまだに最期の様子が明らかでなく、函館、東京・日野に立つ墓や慰霊碑、最期之地の碑などは、いずれも遺骨がない墓碑なのである。

吉田松陰は安政の大獄で罪人として処刑されたのだが、明治維新後は松陰神社が建立され、祭神になった。墓もいくつもあって、松陰神社の境内の背後の墓地にもあるし、処刑場の墓地にもあるのである。時代の変化によって罪人が神に変化した好例である。

神といえば切腹させられた武市瑞山、暗殺された中山忠光、天王山で爆死した真木和泉、天狗党の武田耕雲斎などもそれぞれの神社の、祭神になっていて、神社の背後の墓所に墓が立っている。池田屋事件で殺害された宮部鼎蔵ら幕府に逆らった勤皇の志士らも、京都・霊山護国神社の墓所に眠っている。

京都・霊山護国神社といえば、坂本龍馬もここに中岡慎太郎とともに眠っている。龍馬の人気は高まるばかりで、入場料を払って場内に入ると、墓前に若い参拝客があふれていて、行くたびにただただ驚かされる。

会津征討参謀の長州藩士、世良修蔵の二つの墓をはじめ、無邪気に戦い死んでいった二本松少年隊の墓、砲煙を火炎と見誤り、自決して果てた会津藩白虎隊士中二番隊の少年たちの墓、ただ一基立つ生き返った飯沼貞吉の墓、一族二十一人が自決した西郷頼母一族の墓、など、いまも瞼に焼き付いて離れない。

ところで墓地といえば、昔は恐ろしい場所とされたが、最近は歴史ブームのせいか、歴史上の人物の墓を巡る人が目立つようになり、それを「墓マイラー」と呼ぶのだという。

真夏の日曜日、東京都内の霊園を巡ったとき、その場面にぶつかった。六十代から七十代までの十人ほどの年配者グループが、全員ウォーキングスタイルで、片手に墓地の案内図を持って歩いていた。そして目的の墓を見つけるとお祈りしたり、写真を撮ったり、話し合ったり。

寺の話によると「土日は墓めぐりが盛んです。ええ、若い娘さんも多いですよ」という。

別の霊園では、中学生と思われる女性グループがわいわい騒ぎながら、霊園内を走っているのにぶつかった。部活で、歴史上の人物を調べているのだそうで、普段は静かな霊園が華やいで見えて、肝を潰すほど驚いたものである。

登場人物の絵は盟友の下山光雄さんに描いていただいた。急がせたり、描き直しを頼むなど無理な注文をしたのに、すべてまっとうしてくださった。改めて感謝申し上げたい。

今回は、以前『日本の奇祭』でお世話になった青弓社のご配慮で出版することができた。矢野恵二氏には面倒な仕事をしていただき深く感謝申し上げたい。

二〇一四年春

合田一道

[カバー・本文イラスト]
下山光雄（しもやま　みつお）
1950年、北海道生まれ。北海学園大学卒
画家、フリーライターとして活動
著書に『さくら貝の歌』（真狩村）ほか

［著者略歴］
合田一道（ごうだ　いちどう）
1934年、北海道生まれ。仏教大学文学部卒
北海道新聞社編集委員を長く務め、そのかたわらノンフィクション作品を手がける。
北海道ノンフィクション集団代表、日本脚本家連盟北海道支部長
著書に『日本史の現場検証』（扶桑社）、『北海道の地名謎解き散歩』（中経出版）、『日本人の遺書』（藤原書店）、『日本の奇祭』（青弓社）、ほか多数

幕末群像《ばくまつぐんぞう》の墓《はか》を巡《めぐ》る

発行……2014年8月22日　第1刷
定価……1600円＋税
著者……合田一道
発行者……矢野恵二
発行所……株式会社青弓社
〒101-0061 東京都千代田区三崎町3-3-4
電話 03-3265-8548（代）
http://www.seikyusha.co.jp
印刷所……三松堂
製本所……三松堂

ISBN978-4-7872-2057-8 C0021